DU POTENTIEL DE L'HÉTÉRONOMIE ET DE L'AUTONOMIE EN ARCHITECTURE

ON THE POTENTIAL OF HETERONOMY AND AUTONOMY IN ARCHITECTURE

Publié en février 2018 par **Potential Architecture Books**
T2 – 511 Place d'Armes, H2Y 2W7, Montréal (Québec), Canada
www.potentialarchitecturebooks.com

Aucune partie de ce livre ne peut être utilisée ou reproduite sans la permission écrite de l'éditeur, sauf dans le cas de critiques de livre. Toutes les vérifications raisonnables et nécessaires ont été faites afin d'identifier les titulaires des droits d'auteur. Toutes erreurs ou omissions dans cet ouvrage seront corrigées dans les prochaines éditions.

© Laboratoire d'étude de l'architecture potentielle (LEAP) **LEAP-ARCHITECTURE.ORG**

La Loi sur le Droit d'auteur indique que l'utilisation équitable d'une œuvre ou de tout autre objet du droit d'auteur aux fins d'étude privée ou de recherche ne constitue pas une violation du droit d'auteur. L'utilisation équitable d'une œuvre ou de tout autre objet du droit d'auteur aux fins de critique ou de compte rendu ne constitue pas une violation du droit d'auteur à la condition que soient mentionnés : d'une part, la source, d'autre part, si ces renseignements figurent dans la source : dans le cas d'une œuvre, le nom de l'auteur (Loi sur le Droit d'auteur C-42, art. 29 et 29.1).

Avis important : Sauf indication contraire, les photographies d'édifices et tous les documents de projets présentés dans ce livre proviennent d'archives professionnelles ou institutionnelles. Toute reproduction ne peut être autorisée que par les architectes, concepteurs ou les responsables des bureaux, consortiums ou centres d'archives concernés.

Catalogage avant publication de Bibliothèque et Archives Canada
Du potentiel de l'hétéronomie et de l'autonomie en architecture / sous la direction de Louis Martin et Jonathan Lachance = On the potential of heteronomy and autonomy in architecture / edited by Louis Martin, Jonathan Lachance. (Cahiers de recherche du Laboratoire d'étude de l'architecture potentielle (LEAP) = Laboratoire d'étude de l'architecture potentielle (LEAP) research notebooks)
Comprend des références bibliographiques. Textes en français et en anglais.
ISBN 978-1-988962-01-6 (couverture souple)

1. Architecture--Philosophie. I. Martin, Louis, 1960-, directeur de publication II. Lachance, Jonathan, 1980-, directeur de publication III. Université de Montréal. Laboratoire d'étude de l'architecture potentielle, organisme de publication IV. Titre: On the potential of heteronomy and autonomy in architecture.

NA2500.D83 2018   720.1   C2018-901011-8F

Library and Archives Canada Cataloguing in Publication
Du potentiel de l'hétéronomie et de l'autonomie en architecture / sous la direction de Louis Martin et Jonathan Lachance = On the potential of heteronomy and autonomy in architecture / edited by Louis Martin, Jonathan Lachance.

(Cahiers de recherche du Laboratoire d'étude de l'architecture potentielle (LEAP) = Laboratoire d'étude de l'architecture potentielle (LEAP) research notebooks) Includes bibliographical references. Text in French or English.
ISBN 978-1-988962-01-6 (softcover)

1. Architecture--Philosophy. I. Martin, Louis, 1960-, editor II. Lachance, Jonathan, 1980-, editor III. Université de Montréal. Laboratoire d'étude de l'architecture potentielle, issuing body IV. Title: On the potential of heteronomy and autonomy in architecture.

NA2500.D83 2018   720.1   C2018-901011-8E

Direction artistique, conception graphique, relecture et révisions : Cindy Colombo, Camille Lefebvre
Révision linguistique : Jonathan Lachance, David Théodore

DU POTENTIEL DE L'HÉTÉRONOMIE ET DE L'AUTONOMIE EN ARCHITECTURE

ON THE POTENTIAL OF HETERONOMY AND AUTONOMY IN ARCHITECTURE

LABORATOIRE D'ÉTUDE DE L'ARCHITECTURE POTENTIELLE

LEAP

CAHIERS DE RECHERCHE / RESEARCH NOTEBOOKS

02

POTENTIAL ARCHITECTURE BOOKS

Numéro coordonné par Louis Martin et Jonathan Lachance

Table des matières

010   **Du potentiel de la tension entre hétéronomie et autonomie en architecture**
Louis Martin et Jonathan Lachance

014   **On the Potential of the Tension between Heteronomy
and Autonomy in Architecture**
Louis Martin and Jonathan Lachance

018   ## Le débat entre hétéronomie et autonomie

020   **Le déterminisme écologique d'Ian L. McHarg**
Jonathan Lachance

028   **Blanc et rouge, ou l'hétéronomie théorique de l'autonomie formelle**
Louis Martin

036   **Autonomies du gratte-ciel, au sommet du sublime**
Mandana Bafghinia

038 **Contraintes et libertés de la création architecturale**

040 **Pour une architecture non-autonome :
Frederick J. Kiesler et la recherche d'une architecture corréaliste**
Bechara Helal

046 **The Edge of her Garden: Sveva Caetani and the Frontier of Potential**
Cynthia Hammond

052 **Le concours d'idée entre déterminisme et autonomie : Le cas des écoles**
Anne Cormier

058 **Distance entre coupe et plan**
Adrienne Costa

060 **Penser l'autonomie disciplinaire**

062 The (Im)Possibility of an Autonomous Environmental Architecture
Carmela Cucuzzella

070 « CLAUSTRA » : Analogie concrète de l'architecture
Jean-Pierre Chupin

076 The Paradoxes of Quasi-Autonomy in Architecture
David Theodore

080 (Autonomie/hétéronomie) : Association binaire ou phénomène jumeau ?
Tiphaine Abenia

082 **La quête d'autonomies alternatives**

084 **Mode artisanal et autonomie de la création architecturale :
L'œuvre de Brigitte Shim et Howard Sutcliffe**
Georges Adamczyk

090 **Le développement endogène de Diller Scofidio + Renfro ou l'agentivité
d'une pratique architecturale interdisciplinaire**
Alessandra Mariani

098 **Architecture: A Pluripotent Stem Field**
Sherif Goubran

100 **Conclusion de l'observateur scientifique invité :
Les trois degrés d'autonomie de la pensée architecturale**
Paolo Amaldi

Du potentiel de la tension entre hétéronomie et autonomie en architecture

Louis Martin et Jonathan Lachance

Ce deuxième numéro des *Cahiers de Recherche du LEAP/ LEAP Research Notebooks* s'inscrit en continuité avec la formule et l'orientation établies par le numéro inaugural de la série publié en mars 2017.

Ainsi, comme le premier numéro, le présent Cahier rassemble les travaux issus du séminaire annuel du Laboratoire d'Étude de l'Architecture Potentielle, qui s'est tenu à l'Université du Québec à Montréal le 16 juin 2017. L'évènement a réuni 10 chercheur.e.s, 4 doctorant.e.s, 5 étudiant.e.s-assistant.e.s, et le professeur Paolo Amaldi de l'École nationale supérieure d'architecture de Versailles, qui agissait à titre d'observateur scientifique invité.

Lors de l'organisation de cette journée, plusieurs thèmes découlant du premier numéro, qui examinait le potentiel des grandes structures urbaines abandonnées, ont été envisagés par les membres du L.E.A.P. Parmi ceux-ci, une réflexion élargie sur le concept d'autonomie, associé dans le numéro inaugural à la pathologie des monuments abandonnés, est apparue un choix prometteur et potentiellement rassembleur.

Pour amorcer cette réflexion sur l'un des problèmes centraux du Mouvement moderne et de l'architecture postmoderne, un court texte de Stanford Anderson (1934-2016) intitulé « On Criticism[1] » publié en 1987 a été distribué aux membres de l'équipe. En bref, Anderson y avance que l'architecture est un champ culturel qui ne se limite pas aux travaux de la profession ; ce champ est constitué aussi d'un aspect disciplinaire qui inclut non seulement les travaux des professionnels, mais également les activités des acteurs connexes à la pratique qui œuvrent dans les institutions constituantes du champ (écoles, musées, publications, bibliothèques, galeries, etc.). Cette position, qui donne un rôle primordial à l'université dans le développement de la discipline architecturale, n'est pas surprenante, puisque Anderson a fondé puis dirigé le programme d'histoire, théorie et critique de l'architecture de MIT pendant plus de 30 ans[2].

L'apport le plus distinctif d'Anderson demeure toutefois sa proposition que le champ architectural est semi-autonome, en ce sens qu'il n'est, selon lui, pas entièrement déterminé par les demandes sociétales. Sur ce point, il écrit :

« [Il ne faut] accepter ni la détermination complète ni l'autonomie. Il y a plutôt une intersection entre un champ relativement indépendant comme l'architecture et les conditions que la société permet et restreint. Il y a un certain ordre interne au champ de l'architecture, mais son intersection avec une société particulière est une question d'enquête historique, non de démonstration logique […]³ »

Cette proposition soulève plusieurs questions, notamment en ce qui concerne les façons dont on peut concevoir « l'ordre interne de l'architecture » et son intersection avec une société. De plus, plusieurs membres du L.E.A.P. ont signalé que la position d'Anderson, étant issue du contexte des années 1960, est située historiquement, ce qui engendre des doutes sur son universalité. La semi-autonomie, il est vrai, a d'abord été développée pour critiquer le déterminisme promu par les théoriciens fonctionnalistes de cette époque qui, comme Christopher Alexander, concevaient que la méthode scientifique de résolution de problème pouvait être utilisée pour rationaliser le processus de conception de la forme architecturale. Plus précisément, la méthode de design systématique était fondée sur l'idée que la forme architecturale doit découler logiquement de paramètres précis, comme dans une équation mathématique. Son but était d'éliminer l'arbitraire. Pour Anderson, l'approche d'Alexander limitait indûment les possibilités de création architecturale, qui, selon lui, est un processus non linéaire et beaucoup plus complexe⁴. Plutôt que d'adopter un modèle scientifique qui instrumentalise l'architecture, Anderson aura suggéré de proposer et de tester de nouvelles hypothèses capables de décrire l'épistémologie du projet architectural. Autrement dit, la semi-autonomie revendiquait dès le départ un espace de liberté que la méthode scientifique de design désirait éliminer. Mais derrière cette querelle de méthode, la véritable cible d'Anderson était le déterminisme historique, qui depuis le XIXe siècle demandait à l'architecture d'incarner l'esprit du temps. Selon Anderson, l'introduction de méthodes scientifiques en architecture pendant les années 1960 s'inscrivait exactement dans ce schème de pensée central dans l'historiographie du mouvement moderne en architecture.

Mais lorsque 20 ans plus tard Anderson publie « On Criticism » en 1987, le déterminisme avait pris une nouvelle forme. La traduction anglaise des ouvrages de Manfredo Tafuri après 1976 avait alimenté l'émergence d'une critique d'inspiration marxiste qui considérait que l'architecture était complètement soumise à la logique du capitalisme. Autrement dit, l'architecture, incapable de réaliser les utopies qu'elle proposait, devait accepter qu'elle n'était rien d'autre qu'une technique au service du développement capitaliste. Toute tentative d'échapper à cet état de fait, notamment par l'invocation de l'autonomie de l'art, était jugée anachronique, nostalgique, même pathétique. Dans le contexte anglo-américain, la critique néomarxiste de l'architecture, souvent renforcée par la lecture « disciplinaire » que Foucault avait faite des prisons et des hôpitaux comme instruments de redressement et de contrôle des corps, mettait sciemment l'architecture en état de crise. En réintroduisant la semi-autonomie, Anderson visait à contrer, encore une fois, le déterminisme historique qui niait à l'architecture toute possibilité d'action critique dans le monde.

Ingrédient essentiel de l'historiographie de l'architecture moderne, le déterminisme imposé par la pensée idéaliste hégélienne et son dérivé matérialiste marxiste ont donné forme, selon les époques, à des conceptions différentes de l'hétéronomie architecturale. Toutefois, un autre terme doit être considéré dans cette discussion, celui de l'autonomie, un projet qui a lui aussi pris différentes configurations selon les époques. Dans un processus dialectique ou contradictoire, l'autonomie a resurgi dans les années 1960 en tant que négation radicale du déterminisme scientifique et historique ambiant. Cependant, la quête d'autonomie s'est présentée sous des formes apparentées, mais distinctes, telles l'autonomie formelle poursuivie par Peter Eisenman, l'autonomie du sujet créateur d'un John Hejduk, ou l'autonomie disciplinaire souvent associée à Aldo Rossi.

Si Anderson refuse l'autonomie, c'est principalement parce qu'il y reconnaît un stratagème astucieux qui consiste « à maintenir une forme de déterminisme historique pour la société en général, et un respect pour l'histoire interne de l'architecture en déclarant que l'architecture est un champ autonome⁵ ». Cela dit, Anderson a toujours reconnu l'apport positif d'une réflexion sur le langage formel de l'architecture, car cette réflexion propose de nouveaux potentiels d'adaptation de la forme et de l'usage en se concentrant sur les aspects généraux, plutôt que sur les spécificités d'une situation⁶. Plutôt que d'imposer une « structure gérable », ce type de recherche fondamentale tente de découvrir la structure sous-jacente d'une situation construite en soumettant à la critique de multiples hypothèses. En résistant à l'instrumentalisation de l'architecture, cette approche cherche à accroître les connaissances et à enrichir la discipline.

À cet égard, les propositions du groupe De Stijl sont, selon Anderson, emblématiques d'une contribution significative à la discipline architecturale⁷. En se concentrant sur les éléments fondamentaux d'une construction artistique, un système formel autonome est mis de l'avant en supprimant consciemment les préoccupations concernant la nature des matériaux. La logique formelle exige l'intégrité de chaque élément constitutif : plans, lignes droites, points, couleurs primaires. Les liens entre l'usage et la forme ne sont pas préconçus. En visitant une œuvre comme la maison Schröder, on prend conscience du système formel sous-jacent en même temps que des implications utilitaires de l'organisation formelle. Différemment, Le Corbusier a proposé avec ses célèbres « 5 points de l'architecture nouvelle » une découverte qui tient compte des contraintes constructives. Cette découverte n'est pas technologique, mais *architecturale* et ainsi, elle est une contribution à la discipline. En liant des préoccupations formelles aux données de la construction, les 5 points représentent, selon Anderson, un exemple paradigmatique de la semi-autonomie architecturale. Alors que De Stijl se concentre sur l'universel et l'idéal, Le Corbusier s'engage directement dans le monde.

En assumant cette position d'entre-deux entre l'hétéronomie et l'autonomie, la semi-autonomie peut être perçue comme un compromis trop confortable pour les adeptes de positions idéologiques tranchées. En refusant les pôles extrêmes, la semi-autonomie ne renonce cependant pas à la critique : elle revendique un espace d'autonomie relative, tout en reconnaissant la nécessité d'un engagement dans le monde réel. Plutôt que de cantonner l'architecture dans une vision exclusive et essentialiste, elle conçoit que celle-ci se déploie dans un éventail de possibilités admettant que si certaines productions peuvent avoir un grand degré d'autonomie, la plus grande partie de l'environnement bâti n'est pas porteuse de découvertes pour la discipline. Toutefois, la discipline garde en réserve des potentialités qui pourront être réalisées quand les conditions nécessaires à leur venue au monde seront réunies. La semi-autonomie est aussi d'un secours considérable pour

l'analyse historique, car elle permet de distinguer l'histoire évolutionnaire de la profession de la temporalité chaotique de la discipline. Anderson distingue l'histoire *interne*, centrée sur l'analyse de l'objet, et l'histoire *externe*, qui examine les liens entre l'objet et son contexte. Mais il ajoute que :

« Pour examiner l'intersection entre le champ de l'architecture et la société, c'est-à-dire l'intersection d'un certain état de la structure interne de l'architecture avec un cadre historique changeant, il nous faut plus qu'un genre d'histoire et plus d'un concept du champ de l'architecture[8]. »

C'est véritablement dans cette ouverture de l'architecture sur les possibles que la pensée d'Anderson est stimulante.

En invitant les chercheur.e.s du L.E.A.P. à penser l'architecture entre profession et discipline, entre autonomie et hétéronomie, ou entre histoire interne et externe, le programme du séminaire 2017 souhaitait que chacun, chacune puisse trouver un arrimage pour présenter l'état de ses travaux en cours. En apparence peu polémique, ce programme aura toutefois généré des échanges beaucoup plus riches que prévu, notamment parce que ceux-ci auront permis de mettre en valeur la diversité des approches constituantes du L.E.A.P.

Le présent Cahier reprend la structure en quatre blocs adoptée lors de l'évènement, découpage dont le but avoué était de favoriser l'émergence de liens originaux entre les propositions des participant.e.s. En plus des textes issus des présentations des chercheur.e.s, des essais plus courts présentent les réactions des doctorant.e.s aux idées débattues pendant la journée.

Le débat entre hétéronomie et autonomie

La première section examine les discours et la production de praticiens-théoriciens qui se sont explicitement positionnés dans le débat historique entre hétéronomie et autonomie et qui, en visant à produire une architecture parfaitement hétéronome (**Lachance**) ou autonome (**Martin**), permettent de mettre à l'épreuve la théorie d'Anderson. Une lecture du gratte-ciel urbain comme typologie potentiellement semi-autonome clôt cette partie (**Bafghinia**).

Contraintes et libertés de la création architecturale

Le deuxième bloc regroupe les auteurs qui ont abordé le processus de création du point de vue des créateurs. Les deux premiers textes mettent en lumière l'hétéronomie assumée de la conception architecturale chez Frederick Kiesler (**Helal**) et le rôle des usagers dans la transformation de la maison Sveva Caetani à Vernon, Colombie-Britannique depuis les années 1920 (**Hammond**). Les deux textes suivants soulignent la coexistence d'enjeux disciplinaires et professionnels dans la création des concours d'idées (**Cormier**) et lors de la conception de la villa Baizeau par Le Corbusier (**Costa**).

Penser l'autonomie disciplinaire

La troisième partie réunit les contributions des chercheur.e.s qui interrogent l'utilité, les limites et la pertinence du débat sur l'autonomie en architecture aujourd'hui, que ce soit en examinant sa compatibilité avec le projet de l'architecture environnementale (**Cucuzzella**), son potentiel pour l'identification et la formulation des principes fondamentaux de l'architecture (**Chupin**), l'impasse tautologique que semble représenter la théorie d'Anderson pour la recherche et l'éducation actuelle en architecture (**Theodore**), ou encore l'utilité du concept de « semi-autonomie » pour réfléchir aux modes d'organisation employés *a posteriori* en architecture : la classification et la catégorisation (**Abenia**).

La quête d'autonomies alternatives

La quatrième et dernière section rassemble les textes qui traitent du désir, décelable dans la pratique de certaines firmes d'architectes au demeurant fort différentes, de s'affranchir du déterminisme absolu demandé à « l'architecture comme produit de consommation », soit au moyen d'une approche artisanale et réflexive du projet, véhiculée chez les architectes canadiens Shim-Sutcliffe (**Adamczyk**), ou d'une « pratique agentive » chez Diller Scofidio + Renfro (**Mariani**). Inspiré par les observations et réflexions des participant.e.s à la journée, le dernier texte souligne le potentiel de l'analogie de la cellule-souche pour re-conceptualiser le champ de l'architecture (**Goubran**).

En conclusion du Cahier, **Paolo Amaldi** ancre les réflexions des membres du L.E.A.P. dans l'histoire de la quête d'une pensée architecturale autonome, qui a débuté à la Renaissance et inspiré les néo-rationalistes italiens des années 1960, avant d'influencer les grandes figures du post-modernisme mentionnées au cours de la journée d'étude.

La diversité d'approches et le contraste des convictions exprimées par les membres du L.E.A.P. dans ce Cahier permettent de mieux comprendre, pour paraphraser les mots utilisés par Jean-Louis Cohen dans le premier numéro de la série, « ce que chacun cherche ». Il s'ensuit que le portrait offert par ce deuxième numéro révèle la coexistence de points de vue distincts et cohérents qui, chacun à leur manière, expriment avec insistance un désir de *penser l'architecture autrement*. C'est cette demande d'élargissement et de renouvellement des cadres hérités des approches récentes qui semble constituer *a posteriori* le fil conducteur de cette publication. Il s'agit d'une orientation qui, nous l'espérons, saura capter l'intérêt des lecteurs et lectrices.

Notes

[1] Anderson, Stanford, « On Criticism », *Places*, Vol. 4, no. 1, 1987, pp. 7-8.

[2] Pour une courte biographie, voir Sieber, Nancy, « In Memoriam: Stanford Anderson (1934-2016) », *Journal of the Society of Architectural Historians*, Vol. 76, no. 1, March 2017, pp. 10-12.

[3] Anderson, Stanford, *Op. cit.*

[4] Anderson, Stanford, « Problem-Solving and Problem-Worrying » (Lecture given at the Architectural Association, London, on March 1966, and at the ACSA, Cranbrook in Bloomfield Hills, MI, on June 5, 1966), Cambridge, MA, MIT (Urban Ecology Program/Grunsfeld Seminar, Laboratory of Architecture and Planning), 1966, 35 p. http://web.mit.edu/soa/wwwdownloads/1963-69/TH_AALond-Lect_66.pdf

[5] Anderson, Stanford, « On Criticism ».

[6] Anderson, Stanford, « Quasi-Autonomy in Architecture: The Search for an "In-Between" », *Perspecta*, Vol. 33, 2002, pp. 30-37.

[7] *Ibid.*

[8] Anderson, Stanford, « On Criticism ».

On the Potential of the Tension between Heteronomy and Autonomy in Architecture

Louis Martin and Jonathan Lachance

This second issue of the *Cahiers de Recherche du LEAP/ LEAP Research Notebooks* adopts the format and orientation established by the inaugural number published in March 2017.

Consequently, like the first issue, the current Notebook collects the work stemming from L.E.A.P.'s annual seminar, which was held at the Université du Québec à Montréal on June 16, 2017. This event brought together 10 researchers, 4 doctoral students, 5 assistant students, and Professor Paolo Amaldi from the École nationale supérieure d'architecture de Versailles, who was the invited scientific observer.

While preparing this seminar, the members of L.E.A.P. contemplated several themes related to the inaugural issue of the Notebooks, which examined the potential of large abandoned urban structures. Among these, a broad reflection on the concept of autonomy, associated in the first issue to the pathology of abandoned monuments, emerged as a promising and potentially unifying concern.

The starting point of this program was a short text by Stanford Anderson (1934-2016) entitled "On Criticism," in which the author sketches an expanded understanding of architecture.[1] Simply put, Anderson suggests that architecture is a cultural field, which is not limited to the works produced by professional architects; this field is a discipline that encompasses the activities of protagonists working in the institutions constitutive of the field (schools, museums, publications, libraries, galleries, etc.). Anderson was the co-founder of the History, Theory and Criticism of Architecture program at MIT, and continued as director for nearly 30 years, so it is not surprising that this framework gives a central role to universities in the development of architecture as a discipline.[2]

Anderson's main proposal is that the field of architecture is quasi-autonomous, in the sense that it is not totally determined by societal forces. About this, he writes:

"The core of my argument is to accept neither complete determination nor autonomy. There is, rather, an intersection between a relatively independent field such as architecture and the enabling and limiting conditions of society. There is some internal order to the field of architecture, but its intersection with a particular society is a matter of historical inquiry, *not* logical demonstration. "[3]

This proposal raises several questions concerning the ways we are to conceive "the internal order of architecture" and its intersection with society. Moreover, several members of L.E.A.P have underlined that Anderson's position was historically situated in the 1960s context, a fact that raises doubts about its universality. Quasi-autonomy, it is true, was first developed as a criticism of the type of determinism promoted by the functionalist theorists of the period, such as Christopher Alexander, who believed that a scientific "problem-solving" method could be used to rationalize the processes of architectural design. More precisely, his systematic design method proposed that architectural form must derive logically from precise parameters, as in a mathematical equation. The intention was to eliminate the subjective and arbitrary. For Anderson, Alexander's approach limited, without due cause, the possibilities of architectural creation.[4] Rather than adopting a scientific model, which instrumentalized architecture, Anderson wanted to propose and test new hypotheses capable of describing the epistemology of architectural design. In other words, from the start quasi-autonomy claimed an area of freedom that scientific design methods wished to eliminate. But behind this feud about method, Anderson's target was historical determinism, which was central in the historiography of the Modern movement. Supporters of historical determinism had demanded, since the 19th century, that architecture embodies the "spirit of the time." According to Anderson, the introduction of scientific methods during the 1960s was a direct extension of this deterministic scheme of thought.

When, 20 years later, Anderson published "On Criticism" in 1987, determinism had taken a new form. The English translation of Manfredo Tafuri's works after 1976 had fostered the emergence of a neo-Marxist critique, which considered that architecture was totally subservient to the logic of capitalism. In other words, architecture, being incapable of realizing the utopias it proposed, had to accept that it was nothing more than a technique in the service of capitalist development. All attempts to escape this fact, notably by the invocation of artistic autonomy, were considered anachronistic, nostalgic, even pathetic. The neo-Marxist criticism of architecture, strengthened with Foucault's "disciplinary" reading of prisons and hospitals as an instrument of reformation and control of bodies, consciously put architecture in a state of crisis. In reintroducing quasi-autonomy in the debate, Anderson aimed at countering a historical determinism that negated architecture all possibilities of action in the world.

As essential trope in the historiography of Modern architecture, the determinism imposed by the idealist Hegelian tradition and its materialist Marxist by-product, gave birth to different conceptions of architectural heteronomy. However, another term must be considered in this discussion, namely autonomy, a project that has, like heteronomy, taken different forms according to the times. In a dialectic, or contradictory, process, autonomy resurfaced during the 1960s as a radical negation of both scientific and historical determinism. However, the quest for autonomy arose under related but distinct forms, such as the formal autonomy theorized by Peter Eisenman, the autonomy of the creative subject of a John Hejduk, or the disciplinary autonomy often associated with the work of Aldo Rossi.

If Anderson refused autonomy, it is mainly because he recognized in it a clever stratagem that maintained "a form of historical determinism for society in general *and* a respect for the internal history of architecture by declaring architecture to be an autonomous field."[5] This being said, Anderson acknowledged the positive contribution of a reflection on architecture's formal language, because this reflection creates new possibilities for adapting form and use through a concentration on general rather than specific aspects of a situation.[6] Rather than imposing a "manageable structure," this type of fundamental research proposes new hypotheses about space, light and organization. Resisting the instrumentalization of architecture, this approach seeks to increase knowledge and contribute to the discipline.

In this connection, the proposals of De Stijl are, according to Anderson, emblematic of a significant contribution to the architectural discipline.[7] Concentrating on the fundamental elements of an artistic construction, De Stijl put forward a formal system based on the conscious suppression of considerations about the nature of materials. Formal logic required the preservation of the integrity of each constitutive element: straight lines, planes, and primary colors. The relationships between form and use were not preconceived. Visiting a work like the Schröder house, one becomes aware at once of the underlying formal system and of the utilitarian implications of the formal configuration.

Differently, Le Corbusier proposed in his famous "Five Points of a New Architecture" a discovery taking into consideration building processes. But for Anderson, Le Corbusier's discovery was not technological, but *architectural*, and thus, a contribution to the discipline. In linking formal and building preoccupations, Le Corbusier's Five Points are a paradigmatic example of architecture's quasi-autonomy. While De Stijl concentrated on the universal and the ideal, Le Corbusier participated quite directly in the material world.

In assuming this "in-between" position between heteronomy and autonomy, quasi-autonomy may be considered a too comfortable compromise for the proponents of clear-cut ideological positions. Yet, in refusing extreme poles, quasi-autonomy does not give up criticism: it claims a space of relative autonomy, while recognizing the necessity for architecture to participate in the world. Instead of confining architecture within an exclusive and essentialist vision, quasi-autonomy suggests that architecture unfolds in a range of possibilities. It acknowledges that, if some works may have a large degree of autonomy, the greater part of the built environment generally does not. Nevertheless, according to Anderson, the discipline saves certain possibilities for the future, which could be implemented when the conditions necessary for their realization are properly in place.

Quasi-autonomy is also useful to historical analysis since it enables us to make a distinction between the evolutionary flow of the profession and the chaotic temporality of the discipline. Anderson thus distinguishes *internal* history, which focuses on the object, and *external* history, which examines the links between the object and its context. And he adds:

"To pursue an understanding of this intersection - hat is, the intersection of a certain state of the internal structure of architecture with a changing historical setting - I assert that we need more than one kind of history and more than one concept of the field of architecture."[8]

It is this opening of architecture onto what is possible which is stimulating in Anderson's thought.

In inviting L.E.A.P. members to think architecture between profession and discipline, between autonomy and heteronomy, and between internal and external history, the seminar's program wished that participants would find an anchor to present his or her ongoing research. This program, which did not seem to be too controversial, generated exchanges much richer than anticipated, bringing thus forward the contrasting methods of the members of L.E.A.P.

The current Notebook adopts the four-block structure of the seminar, a structure openly intended to create original connections between the members' individual outlooks. In addition to the texts presented by the researchers at the 2017 L.E.A.P Seminar, shorter essays by doctoral participants put forward their reactions of to the ideas debated during the day.

The Debate Between Heteronomy and Autonomy

This first section examines the discourses and production of practitioner-theoreticians who explicitly took sides in the historical debate on heteronomy and autonomy. Since these radical positions aimed at creating perfectly heteronomous (**Lachance**) or autonomous (**Martin**) built-environments, they enable us to test Anderson's theory. A reading of the skyscraper as a potentially semi-autonomous building type concludes this part (**Bafghinia**).

Constraints and Freedom in Architectural Creation

The second block brings together authors who look at architectural creation from the point of view of the creators. The first two texts bring into light the fully accepted heteronomy of architectural conception outlined by Frederick J. Kiesler (**Helal**) and the role of users in the transformation of the Sveva Caetani House in Vernon, British Columbia, since the 1920s (**Hammond**). The two other texts signal the coexistence of disciplinary and professional objectives in projects conceived for ideas competitions (**Cormier**) and in the design of the Villa Baizeau by Le Corbusier (**Costa**).

Thinking Disciplinary Autonomy

The third part collects the contributions of those who questioned the usefulness, the limits and the relevance of the debate on architectural autonomy today, in examining the compatibility of the autonomy project with that of an environmental architecture (**Cucuzzella**), its potential in the establishment and formulation of fundamental architectural principles (**Chupin**), the tautological dead-end for current architectural research and education that Anderson's theory seems to constitute (**Theodore**), or the potential of the concept of "quasi-autonomy" for revisiting two modes of intellectual organisation used *a posteriori* in architecture: classification and categorisation (**Abenia**).

The Search for Alternative Autonomies

The fourth and last section gathers together texts focussing on the desire, detectable in the practices of some architectural firms otherwise quite different, of freeing their work from the absolute determinism demanded to "architecture as a commodity," either by means of craftmanship, as proposed by Canadian architects Shim-Sutcliffe (**Adamczyk**), or by means of "agentivity," as explored by Diller Scofidio + Renfro (**Mariani**). Inspired by the observations and proposals of the participants to the seminar, the last text suggests that the field of architecture can potentially be re-conceptualized with the introduction of an analogy with stem cells.

The Notebook concludes with an original essay by **Paolo Amaldi** rooting the reflections of L.E.A.P. members in the history of the quest for an autonomous architectural thinking that began during the Renaissance and inspired 1960s Italian Neo-Rationalism, before influencing many leading protagonists of postmodernism mentioned during the seminar.

The diversity in approaches and the contrast in convictions expressed by L.E.A.P. members in this Notebook enable one to better grasp, to paraphrase the words used by Jean-Louis Cohen in the inaugural issue of the series, "what each and everyone is looking for." Consequently, the picture provided by this second issue of L.E.A.P.'s Notebooks reveals the coexistence of distinct and coherent outlooks that insistently express a desire *to think architecture differently*. It is that demand for an extension and a renewal of the frameworks received from recent approaches that seems to be retrospectively the red thread of this publication. It is an orientation, we hope, that will arouse the interest of readers.

Notes

[1] Stanford Anderson, "On Criticism", *Places*, Vol. 4, no. 1, pp. 7–8.

[2] For a short biography, see Sieber, Nancy, "In Memoriam: Stanford Anderson (1934–2016)", *Journal of the Society of Architectural Historians*, Vol. 76, no. 1, March 2017, pp. 10-12.

[3] Anderson, Stanford, *Op. cit.*

[4] Anderson, Stanford, "Problem-Solving and Problem-Worrying" (Lecture given at the Architectural Association, London, on March 1966, and at the ACSA, Cranbrook in Bloomfield Hills, MI, on June 5, 1966), Cambridge, MA, MIT (Urban Ecology Program/Grunsfeld Seminar, Laboratory of Architecture and Planning), 1966, 35 p. http://web.mit.edu/soa/www/downloads/1963-69/TH_AALond-Lect_66.pdf

[5] Anderson, Stanford, "On Criticism".

[6] Anderson, Stanford, "Quasi-Autonomy in Architecture: The Search for an "In-Between"", *Perspecta*, Vol. 33, 2002, pp. 30-37.

[7] *Ibid.*

[8] Anderson, Stanford, "On Criticism".

LE DÉBAT
ENTRE HÉTÉRONOMIE ET AUTONOMIE

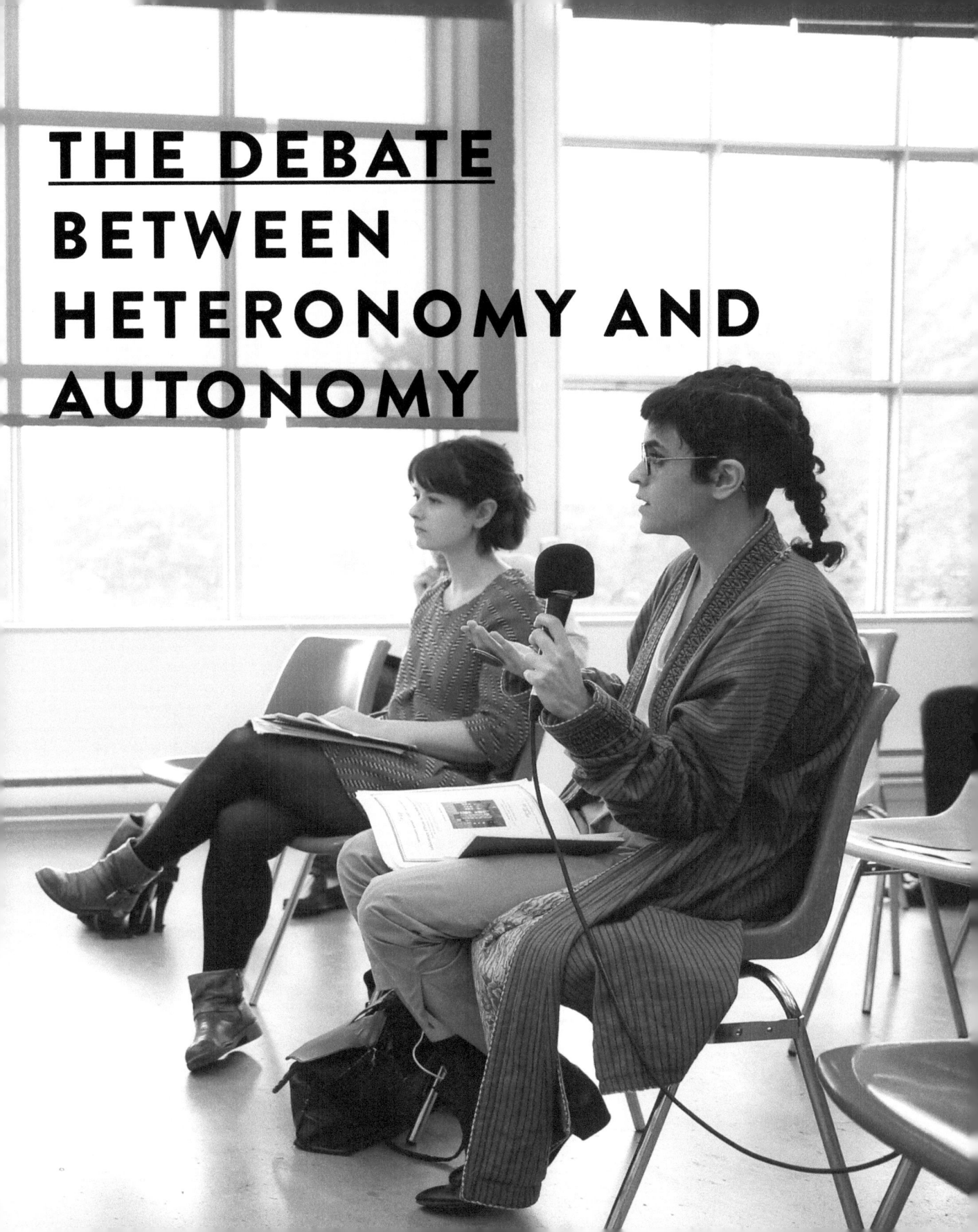
THE DEBATE BETWEEN HETERONOMY AND AUTONOMY

Le déterminisme écologique d'Ian L. McHarg

Jonathan Lachance, UQAM

Ian L. McHarg's Ecological Determinism

There is a history of architectural heteronomy studying designers' attempts to reach the purest determinism possible. McHarg and Alexander are important figures in that history, since their proposals extended the functionalist theories of the 1920s, broadening the number of parameters to be taken into consideration in the realization of a building, a community, a town, or a regional plan. They never achieved their goal, but they nevertheless helped expand the limits of architecture as a profession serving society in linking its purpose to the pluralistic concerns of the post-1945 world. And in this field, we might say that the landscape architect went further than the mathematician.

Ian Lennox McHarg (1920-2001) est un architecte du paysage et urbaniste d'origine écossaise formé à la *Society for Planning and Research for Regional Development* (SPRRD) de Londres et à la *Graduate School of Design* (GSD) de l'Université Harvard dans les années 1940; il fut notamment directeur du Département d'architecture du paysage à l'Université de Pennsylvanie entre 1951 et 1986.

Dans les années 1960, il construit une théorie du design et de la planification écologique basée sur l'analogie avec les sciences naturelles et utilisant les organismes vivants comme modèles d'adaptation et de symbiose pour la conception architecturale et l'aménagement des sites. Il existe cependant une différence chez McHarg entre, d'une part, *la théorie* qui s'appuie sur une analogie biologique impliquant une connaissance des lois générales des écosystèmes naturels, et d'autre part, *sa mise en œuvre* qui requiert une connaissance littérale des qualités écologiques spécifiques du lieu à occuper. Le « déterminisme écologique » est justement la méthode d'inventaire et de synthèse cartographique qu'il propose pour aider à identifier la tolérance écologique des sites naturels à l'occupation humaine et guider la formulation des programmes. Elle est le principal outil du « design avec la nature » qu'il présente dans l'ouvrage du même nom en 1969 et rétrospectivement, il s'agit d'un cas exemplaire de la semi-autonomie de l'architecture par sa contribution aux *design methods and theories* de première génération et par son échec, partagé par les autres architectes-méthodologistes de l'époque, à fonder la forme construite sur des bases rationnelles absolues.

Opposé mot pour mot au « déterminisme économique » qui a guidé selon McHarg toutes les réalisations de l'homme occidental moderne depuis le milieu du XVIIIe siècle, le déterminisme écologique vise à identifier les implications des processus naturels sur l'emplacement et la forme des développements bâtis, et donc à aider les architectes, les architectes du paysage et les urbanistes dans le choix de la localisation, de la densité, de l'orientation et de la forme des constructions en appuyant ces décisions sur une connaissance approfondie de l'ensemble des déterminants sociaux et environnementaux du lieu à occuper. Dans sa formulation la plus complète proposée en 1965[1], elle comporte six étapes :

1. Inventaire écologique et socioculturel des sites.
2. Description et explication des processus révélés par l'inventaire écologique.
3. Identification des facteurs nécessaires pour assurer la perpétuation de l'écosystème.
4. Attribution de valeurs écologiques et sociales aux processus naturels identifiés.

5. Formulation du programme en fonction des prohibitions naturelles du site et des valeurs accordées à chacune de ces parties.
6. Évaluation de la performance de la construction en fonction des indicateurs de stabilité ou d'instabilité.

La méthode a été mise en œuvre par McHarg à différents degrés dans la majorité des études qu'il a réalisées avec ses étudiants et des projets menés au sein de sa firme Wallace, McHarg, Roberts & Todd dans les années 1960 et 1970. En pratique, elle implique la production d'un inventaire complet des caractéristiques écologiques et socioculturelles du site visé, puis la création d'un ensemble de cartes de même échelle, chacune représentant une donnée particulière du milieu observé dont la valeur est identifiée en différents tons de gris et de blanc pour une valeur faible ou absente, à noir, pour une valeur importante. Chaque carte est ensuite imprimée sur support transparent, puis ces cartes sont superposées pour offrir une image composite de l'écologie naturelle et sociale du lieu : les zones les plus foncées représenteront les emplacements inappropriés au développement bâti; les zones les plus pâles représenteront les secteurs les moins vulnérables et donc les plus susceptibles d'être aménagées.

Il est certain que la vision de McHarg s'inspire en grande partie de la théorie régionaliste de Lewis Mumford qui enseigne lui aussi à l'Université de Pennsylvanie dans les années 1950 et 1960. Comme Mumford, McHarg défend l'idée d'une activité humaine en relation fonctionnelle avec la réalité géographique du lieu, dont les faits sont pour lui la base fondamentale de l'existence. Il croit aussi que ces systèmes naturels donnent forme à la culture et mettent en place les conditions matérielles de base qui sous-tendent les développements économiques, techniques et sociaux. Tous deux reconnaissent également l'idée de la nature comme processus et non comme un objet fixe, et la nécessité de la collaboration avec les sciences naturelles pour refonder les rapports entre l'homme et la nature[2].

Aux côtés de Mumford, McHarg reconnaît que sa méthode cartographique possède plusieurs précédents qui lui sont propres, incluant notamment les travaux de Jaqueline Tyrwhitt à la SPRRD, ceux de l'architecte du paysage Philip H. Lewis Jr. au Wisconsin et ceux de Christopher Alexander au *Harvard-MIT Joint Center for Urban Studies*. Il se distingue toutefois de ses contemporains par l'emphase qu'il met sur les facteurs écologiques des sites à occuper.

Dans l'article « Surveys for Planning » publié dans le *Town and Country Planning Textbook* de 1950[3], Jaqueline Tyrwhitt décrit « la portée des inventaires » préalables à n'importe quelle intervention construite en indiquant qu'ils doivent d'abord indiquer le relief, la géologie et le climat du lieu, mais cet arrière-plan physique est secondaire par rapport aux données socioculturelles, économiques, politiques et légales préexistantes. Son inventaire des ressources cible avant tous les gens, leur travail et leurs échanges, les lois, les frontières et les taxes, les usages existants des sols et des bâtiments, et les diverses zones fonctionnelles des agglomérations ciblées.

Philip Lewis est plus près de McHarg en ceci qu'il accorde une importance plus grande aux inventaires écologiques que Tyrwhitt. Formé en architecture du paysage à l'Université de l'Illinois sous Stanley White et Hideo Sasaki, puis à la GSD entre 1950 et 1953 avant d'obtenir un poste de professeur à l'Université de l'Illinois (1953-1965) puis à l'Université du Wisconsin à Madison (1964-1994), Lewis fait une proposition pour la *Wisconsin Heritage Trail* en 1964[4] dans laquelle il établit une liste de 220 « ressources » qu'il a subdivisées en 11 catégories relevant à peu près à parts égales des conditions naturelles et des conditions humaines relatives à chaque lieu. Son inventaire inclut autant les ressources naturelles en eau, en sol et en végétation, que les ressources artificielles de nature historique, culturelle, archéologique et touristique.

Christopher Alexander est quant à lui plus sélectif dans l'identification des paramètres dont il faut tenir compte afin de trouver une forme adaptée à son contexte, et la différence entre sa proposition et celle de McHarg est évidente si l'on compare l'étude de ce dernier pour l'emplacement du *Richmond Parkway (Interstate 95)* situé dans la municipalité de Richmond, NY, en 1966[5], avec le projet de Christopher Alexander et Marvin Manheim pour l'emplacement de l'autoroute *Interstate-91* (I-91) au Massachusetts, réalisé en 1962[6].

Le cas des autoroutes I-91 et I-95

Dans le rapport décrivant leur proposition, Alexander et Manheim affirment avoir déterminé 26 exigences représentant chacune un paramètre contextuel particulier pour l'emplacement de l'autoroute I-91, et ces exigences ont chacune fait l'objet d'une représentation diagrammatique sous forme de carte transparente à l'échelle de la portion ouest de l'état du Massachusetts. La liste de paramètres, qu'ils ont déterminés eux-mêmes, inclut bel et bien la « pollution de l'air » et les « effets du climat », mais la majorité des facteurs concernent les multiples coûts afférents, le confort, la sécurité et l'accessibilité de la région à travers laquelle l'autoroute doit passer. Les 26 exigences, dont plusieurs sont conflictuelles, ont ensuite été l'objet d'une analyse mathématique regroupant les différents diagrammes sous la forme d'un arbre afin de déterminer l'alignement représentant le meilleur compromis possible entre les paramètres identifiés.

De son côté, McHarg accorde également une importance aux paramètres relevant du domaine social, culturel et économique, mais ces paramètres viennent pour lui en second lieu. Comme il le signale dans l'article « Man and Environment » en 1963, la nature est préalable à l'existence de l'homme ; les données écologiques d'un site viennent en premier et avec les connaissances fournies par les spécialistes des sciences naturelles, qui vont de la contribution des astronomes et des géologues à celle des biologistes et des botanistes, il sera possible aux designers et aux planificateurs de comprendre et de prédire la forme, l'abondance et la rareté des populations sauvages vivant dans un milieu particulier, et d'établir des plans d'aménagement qui contribueront avant toute autre chose à la survie de ces écosystèmes[7]. Pour le choix d'un alignement pour l'*Interstate 95*, McHarg a donc identifié 16 paramètres qu'il a déterminés en prenant les facteurs écologiques comme base sur laquelle les autres groupes de facteurs ont été superposés. **[Fig. 1-6]** La valeur économique des terrains, la qualité résidentielle, la valeur récréative, la valeur agricole, le degré d'urbanisation, la valeur historique et la valeur scénique sont venus *après* l'identification de la topographie, de la susceptibilité à l'érosion et de la tolérance de la vie sauvage préexistante. Au final, l'*Interstate 95* devait être située dans le corridor étant d'abord le plus écologiquement tolérant au développement bâti, puis ayant la valeur et le coût social le plus faible suivant une ligne la plus droite possible, et offrant enfin aux usagers

de la route l'expérience scénique la plus optimale possible.

Par rapport à Alexander, le déterminisme écologique de McHarg donne une expression altruiste et politiquement engagée à la connaissance des sites en tenant compte des chaînes de répercussions provoquées par les constructions humaines dans l'environnement naturel élargi, mais sa méthode paramétrique ou relationnelle reste sujette aux mêmes problèmes rencontrés par ceux qui ont tenté comme lui de rationaliser à l'extrême la relation entre forme et contexte.

La réception du déterminisme écologique

Dans l'article « The Nature of Ian McHarg's Science » de 2010, Susan Herrington a notamment souligné la contradiction qui existe chez l'architecte du paysage entre la méthode cartographique, qui a pour objet essentiel de fixer sur support les données relatives à un territoire géographique, et sa propre vision de la nature comme processus de transformation et d'évolution continue[8]. Elle révèle également que contrairement à ce que croit McHarg, la cartographie n'est pas une activité entièrement objective, car les cartes peuvent exclure certains éléments importants de la réalité physique du site, jugés non convenables du point de l'enquête menée. D'autres biais latents dans les études de McHarg concernent selon elle les procédures pour collecter les données, l'attribution de valeurs aux forces identifiées et la formulation du programme qui sont souvent sujettes aux erreurs, incorrectes ou subjectives. La critique la plus sévère de Herrington concerne la croyance de McHarg envers la possibilité de parvenir à une adaptation parfaite entre forme et contexte, croyance qui provient selon elle d'une mauvaise interprétation

de l'ouvrage *The Fitness of the Environment* écrit par le biologiste Lawrence J. Henderson en 1913. Selon elle, McHarg a trouvé chez Henderson une validation de l'idée qu'il existe différents « degrés d'adaptation » dans la nature, et que l'adaptation parfaite est une possibilité puisque chaque organisme est une partie d'un « Grand Design » naturel et planétaire établi par une entité supérieure pour offrir à chaque forme de vie la possibilité de passer d'un état d'adaptation déficiente (*misfit*) à symbiotique (*most fitting*).

Christopher Alexander réfère lui aussi à Henderson dans *De la synthèse de la forme* en 1964[9], mais il ne croit pas en la possibilité de parvenir à une corrélation absolue entre les forces environnementales et la forme construite. Dans les premières pages de son ouvrage, il indique que « si nous essayons de coucher par écrit la liste de toutes les relations possibles entre une forme et son contexte qui soient requises pour assurer une bonne adaptation », et que l'on considère chacune des exigences de cette liste comme un critère indépendant, « la forme adaptée serait celle qui satisfait simultanément tous ces critères[10] ». Il ajoute toutefois qu'« envisagée de cette manière, une telle liste d'exigences est virtuellement sans borne ». Il suggère donc de retenir « seulement ces relations entre forme et contexte qui s'imposent avec le plus de force, qui exigent le plus nettement une grande attention [et] qui semblent avoir le plus aisément tendance à mal tourner. Nous ne pouvons faire mieux que cela » (p. 21).

De son côté, McHarg ne prend pas ces précautions. Il croit possible de dresser un inventaire complet des forces contextuelles d'un lieu et de traduire littéralement ces forces environnementales dans une construction qui exprimera, par sa forme et son fonctionnement, sa relation symbiotique avec le site occupé. Pour Alexander, la liste des paramètres identifiés sera différente pour chaque problème de design, leur nombre et leur valeur étant limités par ce que le designer perçoit comme étant le plus important dans chaque cas. McHarg fait lui aussi des choix parmi les paramètres à considérer et les valeurs attribuées, mais il leur donne une apparence d'objectivité et d'universalité en affirmant qu'ils sont essentiels pour la survie de la planète. Mais comme Herrington le souligne, cette croyance de McHarg est religieuse et idéologique, et non pas basée sur une hypothèse scientifique.

Conclusion

Selon John Summerson dans « The Case for a Theory of Modern Architecture » en 1957[11], l'objectif du déterminisme architectural de Laszlo Moholy-Nagy enseigné au Bauhaus dans les années 1920 était de parvenir à produire des objets qui épousent si étroitement les besoins et les attributs de l'homme qu'ils se moulent à lui « comme un gant ». Pour y arriver, les architectes méthodologistes comme Alexander et McHarg ont développé des protocoles pour identifier ces caractéristiques contextuelles et pour traduire ces données en forme construite.

Il y a cependant un biais idéologique évident chez ceux qui ont tenté de rationaliser à l'extrême la relation entre forme et fonction en architecture, que ce soit dans le choix des paramètres à prendre en compte, dans les méthodes de collecte d'information, dans l'attribution de valeurs aux phénomènes relevés ou dans la transformation de ces données en objet. Herrington souligne que les idées et les méthodes de McHarg ne sont pas toujours aussi rationnelles qu'il le prétend et qu'il n'est jamais parvenu à transformer l'architecture du paysage en « science dure », comme il le souhaitait. Une critique similaire du travail de Christopher Alexander a notamment été réalisée par Richard Plunz en 1982[12] et par Alise Upitis en 2013[13], et le travail des méthodologistes de première génération a été critiqué à de nombreuses reprises depuis la fin des années 1960, à commencer par Stanford Anderson qui produit la communication « Problem-Solving and Problem-Worrying » en 1966[14], suivi d'Alexander lui-même qui s'est détaché du *Design Method Group* en 1971[15], et de Horst Rittel et Melvin Webber qui ont publié l'important article « Dilemmas in a General Theory of Planning » en 1973[16].

C'est la conscience de l'échec à rationaliser entièrement la relation entre la description d'une situation et la prescription d'une solution qui permet de comprendre comment la proposition de McHarg est emblématique de la « semi-autonomie » de l'architecture dans les années 1960, car elle démontre que le designer fait toujours des choix même au sein des théories fonctionnalistes les plus radicales et qu'il est impossible d'éliminer entièrement du processus le recours à l'intuition au profit de mécanismes automatiques de conception architecturale.

Malgré cela, il existe une histoire de l'hétéronomie de l'architecture qui étudie les tentatives des designers à parvenir au déterminisme le plus pur possible, et McHarg et Alexander sont des personnages importants de cette histoire, dans la mesure où leurs propositions constituent des prolongements significatifs du fonctionnalisme des années 1920 par l'élargissement du nombre de paramètres à prendre en compte lors de la réalisation d'un bâtiment, d'une communauté, d'une ville ou d'un plan régional. Ils n'atteignent jamais leur objectif, mais ils contribuent néanmoins à étendre les limites de l'architecture en tant que profession au service de la société, en liant sa finalité aux préoccupations plurielles du monde d'après-guerre. Et dans ce domaine, on peut considérer que l'architecte du paysage est allé plus loin que le mathématicien. En phase avec les préoccupations émergentes des environnementalistes de son temps, la proposition de McHarg échappe à l'anthropocentrisme dominant et trouve les raisons de la forme dans les connaissances nouvellement acquises des relations entre les organismes vivants et les écosystèmes naturels à l'échelle planétaire. Comme chez Alexander, il y a beaucoup d'idéologie et de subjectivité dans la méthode que McHarg prétend « scientifique », mais sa proposition permet néanmoins d'enrichir la connaissance que nous avons des débats de la culture architecturale anglo-saxonne des années 1960 en invitant à des questionnements, encore d'actualité, sur les méthodes, le potentiel et les limites du déterministe architectural à une époque où le « contexte » environnant l'objet est désormais, justement, sans limites.

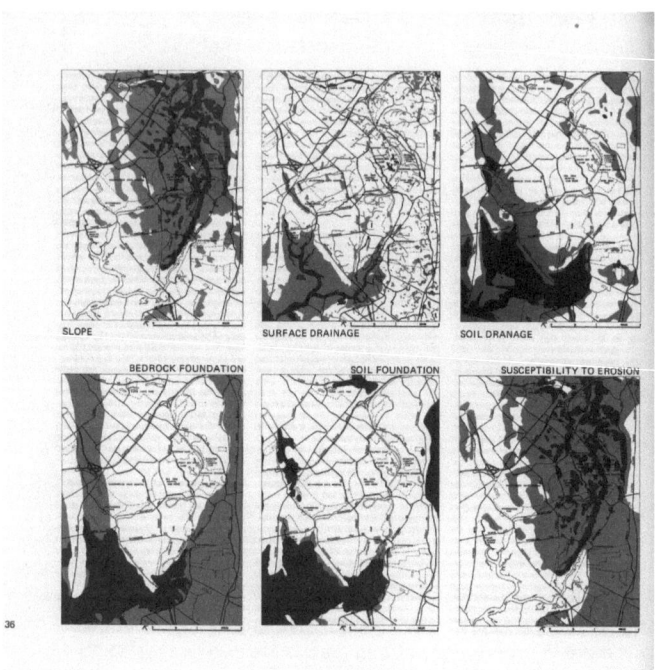

Fig. 1 : *Design with Nature,* p. 36. Crédit : Ian L. McHarg Papers, The Architectural Archives, University of Pennsylvania.

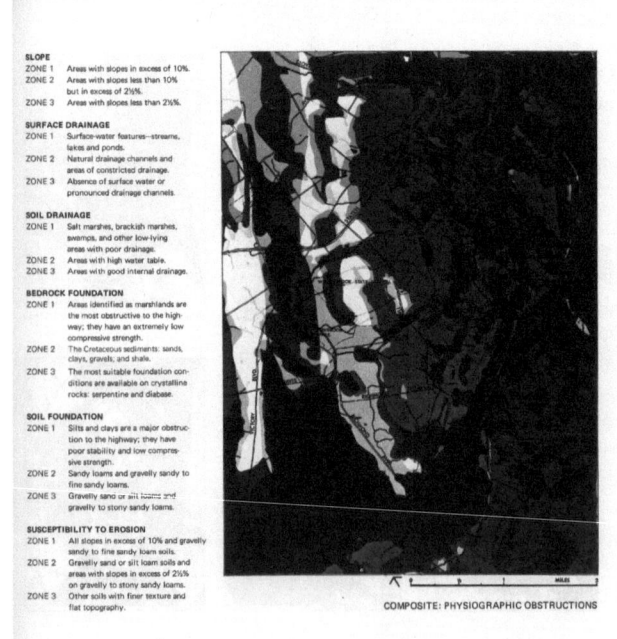

Fig. 2 : *Design with Nature,* p. 37. Crédit : Ian L. McHarg Papers, The Architectural Archives, University of Pennsylvania.

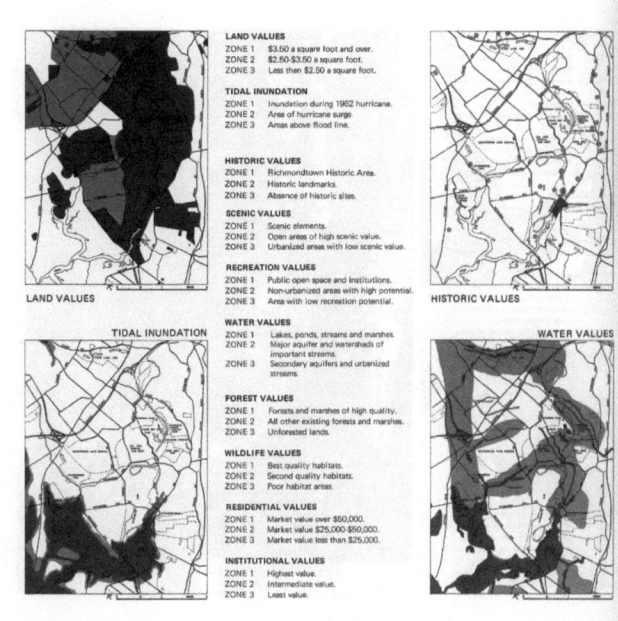

Fig. 3 : *Design with Nature,* p. 38. Crédit : Ian L. McHarg Papers, The Architectural Archives, University of Pennsylvania.

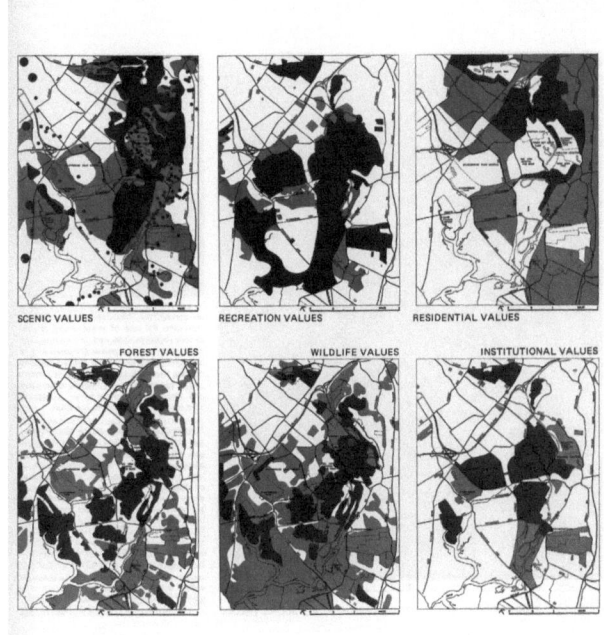

Fig. 4 : *Design with Nature,* p. 39. Crédit : Ian L. McHarg Papers, The Architectural Archives, University of Pennsylvania.

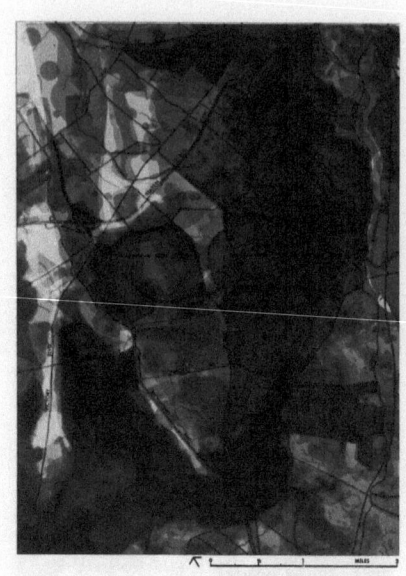

Fig. 5 : *Design with Nature,* p. 40. Crédit : Ian L. McHarg Papers, The Architectural Archives, University of Pennsylvania.

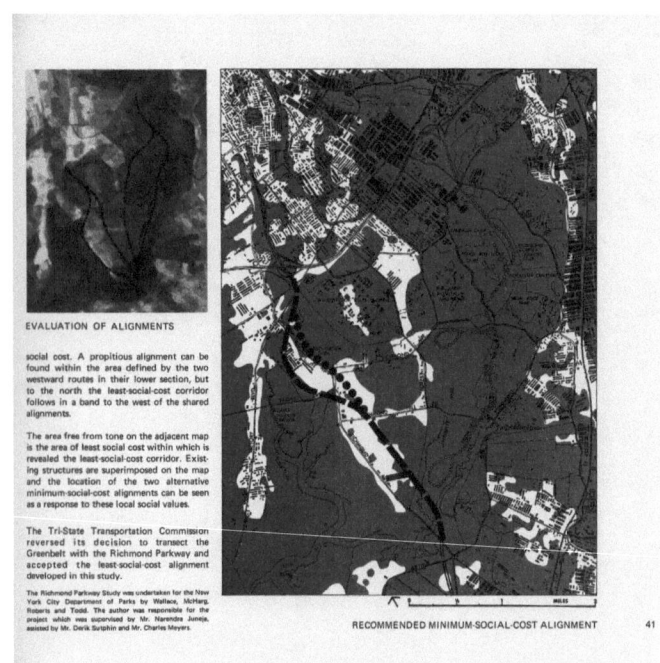

Fig. 6 : *Design with Nature,* p. 41. Crédit : Ian L. McHarg Papers, The Architectural Archives, University of Pennsylvania.

Notes

[1] McHarg, Ian L., « Ecological Determinism », in *Future Environments of North America*, (ed. Darling, Frank Fraser), New York, The Natural History Press/Garden City, 1966, pp. 526-538.

[2] Luccarelli, Mark, *Lewis Mumford and the Ecological Region*, New York, Guilford Press, 1995, 230 p.

[3] Tyrwhitt, Jaqueline, « Surveys for Planning », in *Town and Country Planning Textbook: An Indispensable Book for Town Planners, Architects, and Students*, (ed. Association for Planning and Regional Reconstruction), London, Architectural Press, 1950, pp. 146-178.

[4] Lewis, Philip, « Quality Corridors for Wisconsin », *Landscape Architecture*, Vol. 54, January 1964, pp. 100-107.

[5] McHarg, Ian L., « Where Should Highways Go? Comprehensive Route Selection Method Gets Most Social Benefit at Least Social Cost », *Landscape Architecture*, Vol. 57, no. 3, April 1967, pp. 179-181.

[6] Alexander, Christopher & Manheim, Marvin, *The Use of Diagrams in Highway Route Location: An Experiment*, Cambridge, MA, MIT Civil Engineering Systems Lab, 1962, 119 p.

[7] McHarg, Ian L., « Man and Environment », in *The Urban Condition: People and Policy in the Metropolis*, (ed. Duhl, Leonard J.), New York & London, Basic Books, Inc., 1963, pp. 53-54.

[8] Herrington, Susan, « The Nature of Ian McHarg's Science », *Landscape Journal*, Vol. 29, no. 1, 2010, p. 11.

[9] Alexander, Christopher, *De la synthèse de la forme*, Paris, Dunod, 1971 [1964], pp. 12-22, 167.

[10] *Ibid.*, pp. 19-20.

[11] Summerson, John, « The Case for a Theory of Modern Architecture », *RIBA Journal*, June 1957, pp. 307-310.

[12] Plunz, Richard (ed.), *Design and the Public Good: Selected Writings 1930-1980 by Serge Chermayeff*, Cambridge, MA, MIT Press, 1982, p. xxvi.

[13] Upitis, Alise, « Alexander's Choice: How Architecture Avoided Computer-Aided Design, c. 1962 », in *Second Modernism: MIT, Architecture, and the "TechnoSocial" Movement*, (ed. Dutta, Arindam), Cambridge & London, SA+P Press & MIT Press, 2013, pp. 810-839.

[14] Anderson, Stanford, « Problem-Solving and Problem-Worrying » (Lecture given at the Architectural Association, London, on March 1966, and at the ACSA, Cranbrook in Bloomfield Hills, MI, on June 5, 1966), Cambridge, MA, MIT (Urban Ecology Program/Grunsfeld Seminar, Laboratory of Architecture and Planning), 1966, 35 p. http://web.mit.edu/soa/www/downloads/1963-69/TH_AALond-Lect_66.pdf

[15] « State of Art in Design Methodology: Interview with C. Alexander », *DMG Newsletter*, March 1971, pp. 3-7.

[16] Webber, Melvin M., & Rittel, Horst W.J., « Dilemmas in a General Theory of Planning », Policy Sciences. Vol. 4, 1973, pp. 155-169.

Blanc et rouge, ou l'hétéronomie théorique de l'autonomie formelle

Louis Martin, UQAM

White and Red, or the Theoretical Heteronomy of Formal Autonomy

[The] examples [of Eisenman and Tschumi] demonstrate that, even in its most radical manifestation, the realization of an autonomous architectural form rests on a heteronomous theoretical construction which justifies that form and creates a context making its materialization possible at a given time in a particular society. Paradoxically, autonomous architecture reflects, rather than overcomes, the spirit of the time.

La comparaison des œuvres produites par Peter Eisenman et Bernard Tschumi pendant les années 1970 et 1980 permet de cerner les conditions d'émergence de l'« architecture autonome » et d'illustrer la semi-autonomie de l'architecture.

L'architecture conceptuelle de Peter Eisenman

Inspiré par les écrits de Le Corbusier et nourri par les thèses de Colin Rowe, Eisenman désire, avec sa thèse de doctorat de 1963, réfuter les discours fonctionnalistes alors en vogue en Angleterre[1]. À cet égard, rappelons que John Summerson, doutant de l'existence d'un langage formel commun au sein du mouvement moderne[2], voyait dans le programme la source de l'unité de l'architecture moderne, et que Reyner Banham affirmait que l'idée selon laquelle la géométrie euclidienne est le fondement du langage de l'architecture moderne n'aurait été qu'une coïncidence historique des années 1920[3]. Selon Eisenman, les écrits de Rowe suggéraient l'existence, derrière l'apparence des formes, d'une « grammaire » propre au langage de la forme architecturale. La théorie puriste des quatre compositions de Le Corbusier est le point de départ de sa recherche qui aspire à développer une terminologie pour décrire les opérations conceptuelles qui transforment les formes génériques de la géométrie euclidienne en objets architecturaux spécifiques.

Eisenman assume dès lors que la forme architecturale est l'expression sensible d'un système conceptuel inné et universel. Par exemple, une maison aura une forme spécifique issue d'une forme générique possédant quatre propriétés : le volume (plutôt que l'espace), la masse, la surface et le mouvement. Cette schématisation binaire, qui sépare le monde sensible du monde transcendantal des idées, restera constante chez Eisenman, bien qu'elle se complexifiera considérablement par la suite.

Lorsqu'en 1973 Eisenman jette un regard rétrospectif sur son travail, il précise que le développement d'une théorie de l'architecture conceptuelle constitue un aspect de sa recherche et que l'application de cette théorie dans une pratique appelée *Cardboard Architecture* en est un autre[4].

Cardboard Architecture comprend quatre projets de maison, dont les trois premiers sont construits entre 1967 et 1972. Le but des exercices n'est pas de remettre en question le programme fonctionnel de la maison individuelle, mais de répondre à un programme formel inédit destiné à réaliser l'intention de l'architecte de créer un objet communiquant les règles conceptuelles qui ont donné naissance à sa forme. Des stratégies, telles la notation, la redondance structurale et la rotation réelle et virtuelle, sont utilisées pour communiquer la structure conceptuelle de la forme.

Fig. 1 : *House II*, 1970. Source : http://www.eisenmanarchitects.com/house-ii.html#images

Pour révéler cette structure conceptuelle, Eisenman conçoit des formes blanches qui neutralisent les contextes sémantique et culturel traditionnels. Dans *House II*, il utilise du contreplaqué et de la colle pour créer une maquette grandeur nature. **[Fig. 1]** La forme construite élimine ainsi toute trace de tectonique constructive (comme les solins ou les différents matériaux); la logique formelle supplante la logique fonctionnelle, donnant lieu à des situations conflictuelles qui sont relevées par la presse architecturale.

Lorsqu'il présente ses deux premières maisons en 1972, Eisenman publie des diagrammes dessinés après le processus de conception pour révéler la structure conceptuelle de ses œuvres[5]. Ces diagrammes utilisent un vocabulaire de lignes, de plans et de volumes pour rendre visibles les relations conceptuelles entre les diverses parties de l'objet. Dans la création de *House IV*, en 1971, Eisenman entrevoit d'utiliser les diagrammes comme un outil de conception. Plusieurs séries de diagrammes illustrent les opérations conceptuelles qui transforme la forme générique du cube en un objet spécifique nommé maison. **[Fig. 2]**

En parallèle, la théorie de l'architecture conceptuelle atteint sa forme la plus achevée dans une série d'essais publiés entre 1970 et 1974. Dans ces textes, Eisenman fait appel à la sémiotique de Charles Morris et à la linguistique structurale de Noam Chomsky pour établir une matrice de possibilités qui lui sert à classer les tendances architecturales de l'époque et à identifier des avenues inexplorées pour l'architecture.

Dès 1970, l'aspect conceptuel équivaut à la dimension syntactique de la langue et l'aspect perceptuel, à sa dimension sémantique[6]. Invoquant Chomsky, Eisenman distingue deux types de structures en architecture, la structure de surface perçue par les sens et la structure profonde comprise par l'entendement. En surface, les formes architecturales

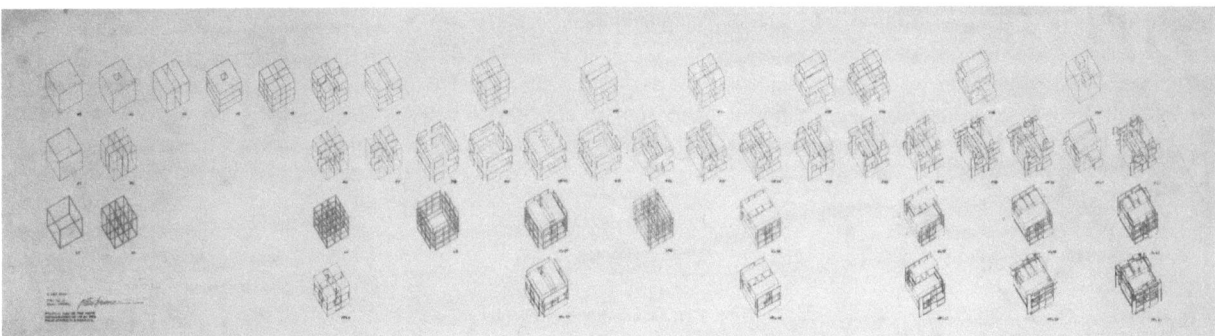

Fig. 2 : Transformation - Diagrammes de *House IV*, 1975. Source : https://www.moma.org/collection/works/81

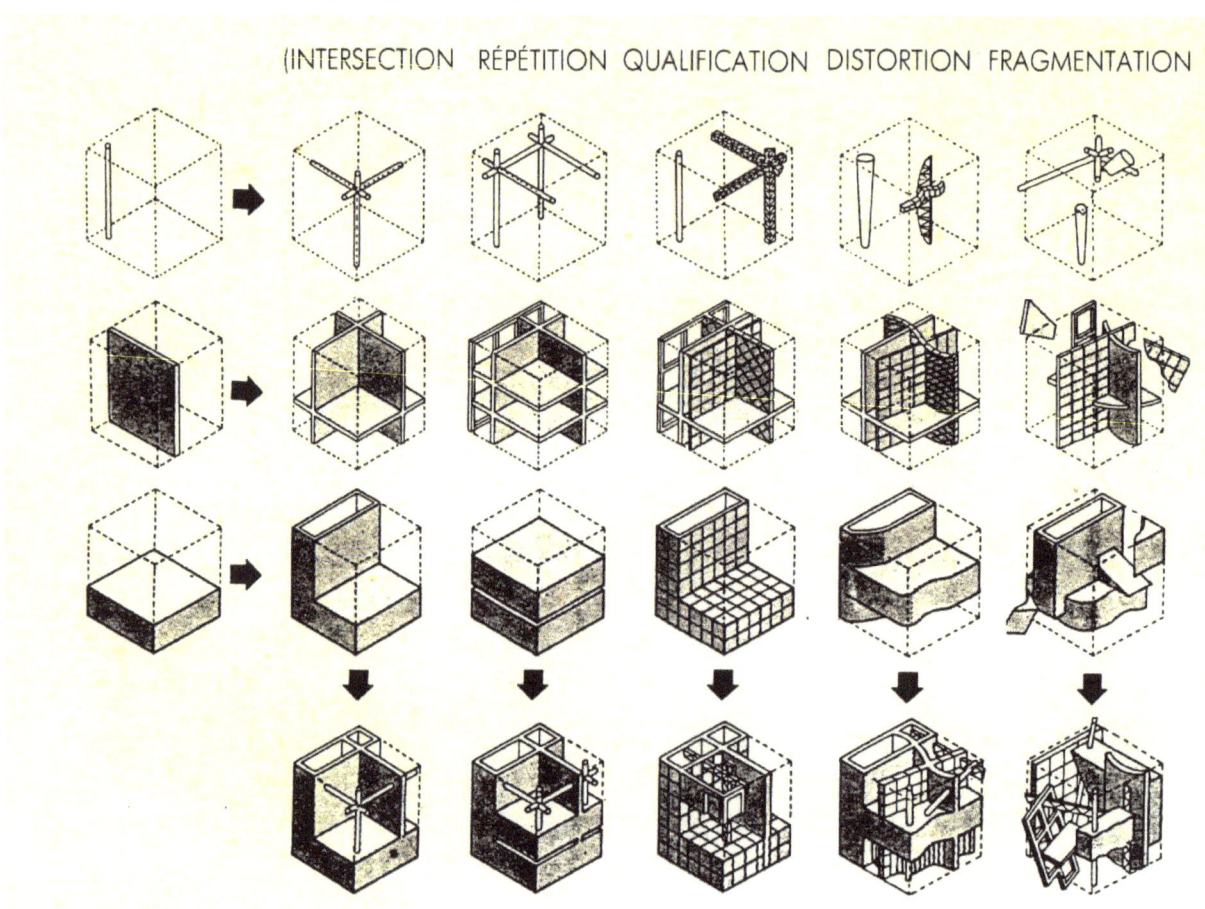

Fig. 3 : Combinatoire - Diagrammes, vers 1984. Source : *Cinégramme folie : le parc de la Villette*, p. 24.

sont des signes naturels qui peuvent devenir des symboles culturels. En profondeur, leur signification découle de la forme archétypale fournissant la matrice qui rend l'objet intelligible. La structure profonde désigne le système de règles syntactiques implicites expliquant les relations entre les éléments formels.

« From Object to Relationship », 1970

Conceptuel structure profonde: relations	Syntactique Forme archétypale
Perceptuel structure de surface: objet	Sémantique Signe naturel ou symbole culturel

Lorsqu'il tente d'isoler ce que peut apporter l'art conceptuel à l'architecture conceptuelle dans son essai de 1971[7], Eisenman réalise que son modèle d'origine doit être modifié pour tenir compte du fait que les objets architecturaux et artistiques, à la différence des mots écrits, possèdent des attributs sémantiques et syntactiques autant au plan perceptuel que conceptuel.

« Notes on Conceptual Architecture », 1971[7]

	Sémantique	Syntactique
Conceptuel	Sémantique	Syntactique
Perceptuel	Sémantique	Syntactique

Il distingue les quatre catégories à l'aide d'exemples architecturaux. Dans la catégorie « perceptuel/sémantique », la signification est transmise littéralement par l'entremise de la reproduction d'une image connue, comme lorsqu'un dessin de Superstudio de 1967 constitue une référence littérale au Palais des nations dessiné par Meyer et Wittwer en 1928. Ce n'est pas la structure formelle de l'image qui prime, mais son contenu sémantique. De cette façon, Superstudio rend hommage à la polémique marxiste de Meyer. L'image est un rappel littéral du passé.

Dans la catégorie « conceptuel/ sémantique », le sens n'est pas perçu directement, mais reconstruit dans l'esprit. Cela se produit lorsqu'une forme connue est placée dans un nouveau contexte. Cette stratégie a été employée par Le Corbusier quand il a transposé les formes de l'architecture navale dans son architecture domestique. Selon Eisenman, Robert Venturi arrive au même résultat en juxtaposant des images connues pour créer un nouveau contexte. L'image est un rappel conceptuel d'un passé idéal.

La catégorie « perceptuel/syntactique » est aussi fondée sur la référence à des précédents, mais plutôt que de reproduire des images, l'architecte utilise une structure syntaxique passée, comme lorsque Le Corbusier reprend à Garches la structure ABABA utilisée par Palladio dans la villa Malcontenta. Il reste cependant dans cette opération syntaxique un résidu sémantique, car la référence semble être une préoccupation de surface et connote la grande tradition humaniste. Ici, l'architecte est préoccupé par l'aspect visuel du bâtiment.

Dans la catégorie « conceptuel/syntactique », l'iconographie intentionnelle est réduite au maximum afin de révéler la structure syntaxique de la forme. C'est ce qui distingue l'architecture de Terragni de celle de Le Corbusier, selon Eisenman. Et c'est pour cette raison que ce dernier a analysé les bâtiments de Terragni, pendant des décennies, au moyen de diagrammes conceptuels tentant de rendre visible leur structure profonde.

Toutefois, Eisenman avance que l'art conceptuel de Jasper Johns et de Kenneth Noland révèle l'existence d'un deuxième niveau dans la structure profonde, qui se retrouve par le fait même dédoublée dans ses dimensions syntaxique et sémantique. Selon Eisenman, ces deux conditions conceptuelles n'ont pas encore été exploitées en architecture.

Bernard Tschumi : Disjonction et combinatoire

Bernard Tschumi arrive à New York en 1974 pour poursuivre sa recherche à l'*Institute for Architecture and Urban Studies*, dont Peter Eisenman est le directeur et le fondateur depuis 1967. Il a 30 ans. Depuis 1970, il enseigne à l'*Architectural Association* à Londres où il étudie les conflits urbains et le potentiel révolutionnaire des situations spontanées.

Il n'a pas à douter que Eisenman influence grandement le jeune homme qui organise en 1975 une exposition intitulée « A Space, A Thousand Words » au *Royal College of Art* à Londres. S'opère alors un changement de direction de 180 degrés : plutôt que d'analyser les variables de l'architecture, Tschumi se concentre sur l'une de ses constantes : l'espace, qui est un terme banni dans la théorie d'Eisenman. Vraisemblablement, l'exposition veut résoudre la dichotomie au cœur du travail d'Eisenman, celle entre la perception et l'intellect. Elle donne naissance à un essai inspiré par sa lecture d'un livre de Denis Hollier sur Georges Bataille[8]. Tschumi y avance que l'expérience profonde, telle que décrite par Bataille, établit un pont entre les deux termes, un pont qui dissout la dichotomie entre l'espace perçu et l'espace conçu.

C'est le début d'une période productive marquée par la publication rapide de plusieurs essais dans les revues internationales d'art et d'architecture[9]. Dans ces textes, Tschumi transpose littéralement dans son analyse de l'architecture des phrases écrites par d'autres dans d'autres contextes. Tschumi produit sciemment des textes parallèles qui tissent, au moyen d'une intertextualité extrême, des liens entre le cinéma, les arts visuels, la littérature, la philosophie et le structuralisme. Pour lui, l'architecture se nourrit de

Fig. 4 : Transformation - Maquette *House IV,* 1971. Source : http://www.eisenmanarchitects.com/house-iv.html

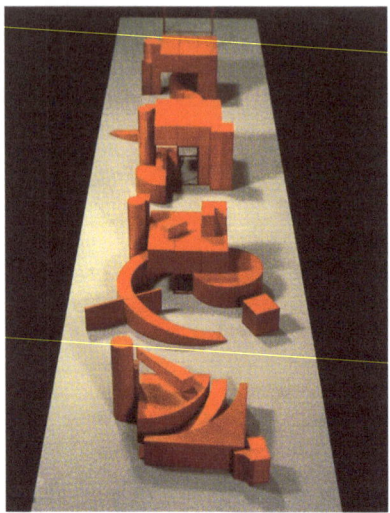

Fig. 5 : Combinatoire - Maquettes, vers 1984. Source : *Cinégramme folie : le parc de la Villette*, p. 19.

l'interaction avec les autres disciplines et ne peut vraisemblablement pas être autonome.

Comme Eisenman, il s'engage aussi dans une production architecturale artisanale en marge de la profession. À l'ère postmoderne de l'architecture de papier, le milieu de l'art new-yorkais l'inspire et lui fournit des lieux pour exposer ses idées au moyen de manifestes, d'installations éphémères et de projets théoriques, tels *Joyce's Garden* et les *Manhattan Transcripts*. Les *Transcripts* s'avèrent importants dans sa démarche. Inspiré par le cinéaste Sergei Eisenstein, Tschumi expérimente des systèmes de notation architecturale qui ne se limitent pas à la description d'un objet physique. En découle une définition de l'architecture comprenant trois termes : l'espace, le mouvement et l'évènement, qu'il substitue à l'idée traditionnelle du programme. La série de dessins effectue des transpositions de concepts cinématographiques tels le cadrage, la séquence, la distorsion, la répétition et la superposition, mais opère aussi des transferts de forme : le motif de la pellicule cinématographie générant, par exemple, l'image d'un bâtiment. Les *Transcripts* sont aussi l'occasion d'établir trois types de relations entre la forme et l'usage : ce sont l'indifférence, le renforcement et le conflit. Alors que le renforcement représente l'idéal des doctrines fonctionnalistes, l'indifférence et le conflit s'avèrent les outils privilégiés de l'autonomie formelle.

En parallèle, Tschumi conçoit « les folies du XXe siècle », une série d'installations temporaires mal documentées, qu'il a dessinées pour des lieux publics situés à New York, Middleburg, Cassel et Toronto. Selon Tschumi, ces constructions ne sont pas des sculptures monumentales, car elles sont conçues « en tant que rapport aux évènements, héroïques ou quotidiens de la ville ordinaire[10] ». La plupart de ces projets ont pour élément de référence le cube, qui est brisé et déformé par des éléments spécifiques de l'architecture : escaliers, murs, colonnes, fenêtres. Cette combinatoire de formes cubiques et de fragments architecturaux sera poursuivie dans la génération des folies rouges du Parc de la Villette.

La comparaison

Malgré des théories apparemment contradictoires, l'une cherchant l'essence de la forme architecturale, l'autre multipliant les relations avec les champs extérieurs, il existe une très grande parenté entre les diagrammes transformationnels de la *Cardboard Architecture* et les diagrammes didactiques dessinés pour La Villette. Ces diagrammes veulent illustrer le processus qui génère la forme, processus qui permet de se libérer de la prévisualisation.

Les diagrammes de *House IV* conçoivent le cube de référence en termes de lignes, plans et volumes. **[Fig. 2]** La maison est générée par le déploiement d'outils conceptuels modifiant le cube qu'Eisenman nomme transformation, rotation, dédoublement et superposition[11]. Pour La Villette, le cube initial est également représenté de façon similaire en termes de points, lignes et surfaces, qui sont combinés

Fig. 6 : Intérieur, *House VI*, 1972-75. Source : http://www.eisenmanarchitects.com/images/06_housevi_intro4.jpg

Fig. 7 : Folie du bout du monde (R4). Source : https://www.pinterest.com/pin/506303183097477422/

en suivant des principes similaires que Tschumi nomme différemment intersection, répétition, qualification, distorsion et fragmentation. **[Fig. 3]** Toutefois, ces outils de visualisation semblent être essentiellement rhétoriques. Ils servent à illustrer la transformation d'une part et la combinatoire d'autre part, mais ce ne sont pas ces diagrammes qui génèrent la forme spécifique des constructions. La transcription des diagrammes en maquettes conceptuelles marque une différence d'approche. Alors que les maquettes d'Eisenman sont une transcription souvent littérale des diagrammes, **[Fig. 4]** les maquettes de Tschumi n'ont pas de liens directs avec ceux-ci. **[Fig. 5]** Les maquettes rouges constituent une manière indépendante d'illustrer la combinatoire, qui n'est plus faite de points, plans et surfaces, mais de lignes et de volumes spécifiques. Ainsi l'écart entre les modes de représentation des processus de conception et l'objet construit est beaucoup plus grand chez Tschumi que chez Eisenman.

L'architecture d'Eisenman doit toutefois incorporer, elle aussi, des éléments architecturaux qui n'apparaissent pas dans ses diagrammes conceptuels. Au plan constructif, la réalisation de *House VI* démontre que ceux-ci sont traités comme des formes géométriques simples. **[Fig. 6]** Les marches de l'escalier n'ont pas de nez; la fenêtre est une grille géométrisée qui, en obstruant le regard vers l'extérieur, oblige à la considérée comme une forme pure. L'escalier vert demeure un élément fonctionnel qui conduit à l'étage, mais sa couleur marque le fait qu'il est distinct de la structure blanche. La présence d'un autre escalier rouge, inversé et accroché au plafond, est un indice à décoder. Il s'agit d'un signe pur sans autre utilité que celle de communiquer une information à propos de la structure conceptuelle de l'objet. La juxtaposition des deux escaliers permet à l'esprit de reconstruire l'opération conceptuelle de dédoublement et rotation, qui explique la présence des deux escaliers et sous-tend la forme de la maison. Pour Eisenman, la logique de la forme doit s'affirmer au détriment du programme fonctionnel. Ainsi, des colonnes s'invitent à table entre les convives, et le lit conjugal est séparé par une fente qui traverse la chambre à coucher.

Des considérations semblables sont explorées dans les structures rouges de La Villette. La conjonction d'une structure rouge à 9 cubes et d'une rampe **[Fig. 7]** rappelle le Carpenter Center de Le Corbusier, qui a servi à Tschumi à expliquer le conflit entre forme et usage[12]. Visiblement, l'utilité du cube amputé de quelques arêtes réside essentiellement dans sa fonction de point de repère dans l'espace. Le collage des formes autoréférentielles et de la rampe totalement fonctionnelle et indépendante marque une relation d'indifférence entre la forme et l'usage. Le conflit est plus figuratif que réel. Et l'évènement peut survenir, mais ne sera idéalement jamais programmé. Une autre structure, avec sa rampe, son escalier et ses plates-formes, exerce une triple fonction, celles d'être un point de repère, un poste électrique et un observatoire. **[Fig. 8]** La structure autonome rappelant le cube de base est désormais contaminée par des éléments fonctionnels, qui renforcent le lien entre forme et usage et n'offrent au final que peu de flexibilité. Un autre exemple illustre une structure semblable, un fragment de cube, dans lequel est insérée une forme en escalier. **[Fig. 9]** L'échelle de cette forme, et le fait qu'on ne peut pas y accéder, ne permettent pas de l'utiliser comme escalier. Le motif évoque un élément architectural, mais celui-ci est réduit à un signe, montrant à la fois l'escalier et sa forme inversée. À la différence des maisons d'Eisenman qui peuvent être utilisées, la folie de

Fig. 8 : Folie Belvédère (P6). Source : https://lavillette.com/professionnels/locations-despaces/les-folies/

Fig. 9 : Folie Janvier (V2). Source : https://i.pinimg.com/originals/16/6f/86/166f86575bd5e9781d104588ff972074.jpg

Tschumi est intransigeante et affirme son altérité tant par sa forme que sa couleur. Son sens découle du fait qu'elle est un fragment dans un ensemble de fragments, dont la somme ne forme pas une totalité concrète, mais la représentation d'une totalité conceptuelle. Selon Tschumi, cependant, les folies, qui sont, d'une part, symptomatiques de la folie de la combinatoire, sont, d'autre part, vides de sens et donnent ainsi place à une infinité de significations, dont la première, comme l'ont relevé plusieurs critiques, est son évocation du Constructivisme russe.

Conclusion

Dès 1972, Colin Rowe avait reconnu dans l'architecture d'Eisenman et de ses collègues new-yorkais une répétition des formes blanches des années 1920 et 1930, qui signalait une dissociation de l'unité présumée du message messianique et des formes nouvelles de l'architecture moderne[13]. Dans la décennie suivante, Tschumi assume pleinement la dissociation du signifié et du signifiant ainsi que la disjonction entre l'usage et la forme, qu'il présente comme une déconstruction du signe permettant à l'architecture d'espérer devenir le modèle culturel du XXIe siècle. Alors que pour Eisenman, l'architecture est par essence une pensée sur la forme, pour Tschumi, l'architecture est moins une connaissance de la forme qu'une forme de connaissance. Apparemment divergentes, ces propositions ne sont pourtant pas mutuellement exclusives puisque toutes deux ont donné naissance à des corpus théoriques hétéronomes justifiant l'édification d'objets caractérisés par leur grande autonomie formelle. Tous deux ont aussi exploité la théorie structuraliste et la déconstruction pour penser la forme autonome en architecture comme un système de signes qui peut à la fois communiquer des informations formelles et mettre en crise l'unité du signifié et du signifiant. L'architecture autonome aura acquis dans le processus une aura de résistance.

Enfin, ces exemples illustrent que, même dans sa conception la plus radicale, la réalisation d'une forme architecturale autonome repose sur une construction théorique hétéronome qui la justifie et crée un contexte la rendant possible à un moment donné dans une société particulière. Paradoxalement, l'architecture autonome reflète l'esprit du temps plutôt que de s'en affranchir.

Notes

[1] Eisenman, Peter, *The Formal Basis of Architecture*, Baden, Lars Müller Publishers, 2006 [1963].

[2] Summerson, John, « The Case for a Theory of Modern architecture », *RIBA Journal*, Vol. 64, June 1957, pp. 307-310.

[3] Banham, Reyner, *Theory and Design in the First Machine Age*, New York, Praeger, 1960.

[4] Eisenman, Peter, « Cardboard Architecture: Castelli di carte », *Casabella*, No. 374, February 1973, pp. 17-31.

[5] *Five Architects*, New York, Wittenborn, 1972.

[6] Eisenman, Peter, « From Object to Relationship: Terragni's Casa del Fascio », *Casabella*, No. 344, January 1970, pp.38-41; Eisenman, Peter, « From Object to Relationship II: Giuseppe Terragni, Casa del Fascio », Perspecta, Nos. 13-14, 1971, pp. 36-75.

[7] Eisenman, Peter, « Notes on Conceptual Architecture: Towards a Definition », *Casabella*, Nos. 359-360, December 1971, pp. 49-57.

[8] Tschumi, Bernard, « Questions of Space: The Pyramid and the Labyrinth (or the Architectural Paradox) », *Studio International*, September/October 1975, pp. 136-142.

[9] Tschumi a recueilli ses textes publiés après 1975 dans *Architecture and Disjunction*, Cambridge, MIT Press, 1994. Pour une analyse du parcours intellectuel de Tschumi, voir Martin, Louis, « Trans-positions: On the Intellectual Origins of Tschumi's Architectural Theory », *Assemblage*, No. 11, April 1990, pp. 22-35.

[10] Tschumi, Bernard, *Des Transcripts à La Villette : Textes parallèles*, Paris, Institut français d'architecture, 1985, p. 18.

[11] Eisenman, Peter, *Diagram Diaries*, New York, Universe Publishing, 1999, pp. 238-239.

[12] *Ibid.*, p. 11.

[13] *Five Architects*, *Op. cit.*

Autonomies du gratte-ciel, au sommet du sublime

Mandana Bafghinia, Université de Montréal

The exterior of a skyscraper is marked out by its identity as a challenge to meet the constraints of the subsoil, landscape, climate and other urban elements. It tries hard to stand out, to rise in order to affirm its own individuality, its singularity, or in other words, its iconic value. This autonomy is enshrined at the top, the crown that completes its identity, which is indeed a physiognomy recognizable by everyone and visible to everyone.

Dans le processus de projet, les architectes visualisent et dessinent des idées issues de leur imagination, de l'évolution interne de leur discipline, des réponses à la commande. Pour matérialiser ces idées, deux forces contradictoires doivent en quelque sorte se composer : d'un côté une certaine autonomie créatrice, et de l'autre les contraintes des forces hétéronomes. Dans une société entièrement vouée au profit, les modes de production, l'environnement social et politique créent des opportunités et des contraintes encore plus fortes que par le passé. Les nouvelles spatialités ainsi générées incluent la possibilité de créer des expériences mémorables à travers un milieu complexe de bâtiments et de spatialisations consacrés à des fonctions et des usages multiples. Pour identifier et analyser ce type de situation, il convient de considérer à la fois le contexte physique, le contexte social ainsi que les propriétés esthétiques des projets. On se limitera ici à présenter succinctement certains éléments d'ordre formel.

L'architecture relève d'un mode opératoire intermédiaire. En tant qu'art, l'architecture conquiert une liberté presque totale. Avec son langage propre, elle relève d'une beauté libre, détachée, autonome, avec son langage propre, si l'on reprend les termes proposés par Kant en 1789 dans sa *Critique du jugement* (CRJ)[1]. En tant que construction, l'architecture est déterminée par ses programmes et ses fonctions, ses matières et matériaux, ses usages, ce qui fait d'elle une beauté appliquée ou adhérente, termes explicités par Kant dans ce même texte. L'architecture est alors attachée de toute part par de multiples fils ténus, tel Gulliver prisonnier des Lilliputiens. Cette dualité est d'autant plus marquée dans les situations créées par les gratte-ciels, « espèce d'espace », pour reprendre le terme de Georges Pérec[2], intermédiaire entre beauté libre et beauté adhérente, plus encore entre beau et sublime par rapport à un sujet qui les pratique, mais plus encore qui les imagine.

Dans la CRJ, étude sur le sentiment du beau et du sublime, Kant a explicité l'état mental, perceptif du sujet observant. D'après lui, notre expérience et notre jugement esthétique impliquent une résonance entre deux pouvoirs cognitifs, la compréhension d'un côté, l'imagination de l'autre. Le jugement sur le beau n'est pas dépendant de concepts prédéterminés, il implique le sentiment et des processus d'influence. Les effets de la beauté sont particuliers et subjectifs, mais ils sont dotés d'universalité, et l'universalité n'est réductible, ni aux lois de la raison ni à la loi de la morale, qui sont les deux autres modes de la connaissance.

Pour Kant, le sublime possède trois qualités : le noble, le splendide et le terrifiant. Sentiment qui surgit en se confrontant à des « scènes » et des « objets » qui dépassent la raison, l'entendement et le sentiment du beau, le sublime ne suffit pas à qualifier les impressions procurées par ces réalités. Si l'on transpose la théorie de Kant aux situations contemporaines, en particulier celle de l'Amérique du Nord, c'est ce qui se passe devant les scènes naturelles — chutes du Niagara ou Grand Canyon, et les scènes artificielles — le *Golden Gate Bridge* ou le *skyline* de New York. Au début du XXe siècle, un sublime géométrique statique caractérise l'élévation verticale du gratte-ciel, qui exprime la domination de la nature. David Nye a élargi en 1994[3] les réflexions de Kant en introduisant la notion de sublime « technologique » et « géométrique » qui caractérise, selon lui, une conscience contemporaine, l'une des émotions humaines les plus puissantes. Depuis le début du XIXe siècle, « le sublime technologique a été l'une des idées centrales de l'Amérique sur elle-même, un idéal déterminant, contribuant à lier une société multiculturelle. Précisément parce que la société américaine est si pluraliste, aucune religion unique ne peut jouer cette fonction. Les américains ont depuis longtemps trouvé le sublime plus nécessaire que les Européens, tant qu'ils ont conçu des formations sublimes adaptées à leur société technologique pluraliste » (Nye, 1994, p. 13). Nye reste kantien dans la mesure où le sublime « élève » le sujet percevant, qu'il fait ainsi grandir et dont il construit l'autonomie, une autonomie ressentie et partagée entre toutes celles et tous ceux qui éprouvent cette impression. Lieu de la liberté individuelle, cette autonomie du sujet est donc liée aussi à l'intersubjectivité.

Liberté et autonomie se tiennent en quelque sorte la main.

Dans le contexte des métropoles américaines, le sentiment du sublime apparaît et grandit devant ces objets émergeant à l'horizon que sont les gratte-ciels. Perçus dans la distance, ces bâtiments semblent sans échelle. Il pourrait s'agir d'une maquette, d'une miniature ou d'une montagne massive, les blocs s'emboîtant l'un dans l'autre sans que l'on puisse en mesurer les proportions. Le gratte-ciel semble ainsi presque irréel, scintillant comme un mirage dans le faible soleil d'hiver. Au Moyen-Âge, la rupture créée du point de vue spatial, de celui de la forme et de l'expression, par les cathédrales ou les mosquées exprimait la solidarité de la communauté, mais elle supprimait ou limitait les libertés individuelles. L'hétérogénéité du monde profane était rabattue sur une homogénéité supérieure. Qu'en est-il dans un monde laïc caractérisé par des métropoles hétérogènes qui englobent dans un même moule hommes et machines ? On pourrait dire que les tours unissent le monde profane dans le culte de la technique, remplaçant la religion par un sublime technologique incarnant la célébration du progrès, le culte de l'argent, l'admiration sans borne ni limite pour l'exploit et tout de ce qui est supérieur, et ce au prix d'une perte d'autonomie individuelle par un écrasement sublime. Erich Mendelsohn l'a bien vu en 1926 dans son *Amerika*[4]. Mais il y a une autre dimension générée par cette situation, une sorte de compensation qui se réfugie dans l'image et dans l'imaginaire.

Un gratte-ciel est avant tout un objet qui veut se faire remarquer, attaché à un contexte urbain spécifique dont il s'efforce de se détacher pour se montrer comme un « être » unique, singulier. En soi, un gratte-ciel est formé par l'empilement d'éléments, entreprises, résidents, services qui construisent une entité détachée de son territoire par la hauteur. Plus l'on monte dans cet objet, plus on laisse « derrière » soi des circonstances indésirables, qui rapetissent en donnant une sensation d'ascension, de dépassement.

Aujourd'hui, à Manhattan comme ailleurs dans le monde des tours, l'immeuble-tour est défini par la rencontre d'un groupe d'ascenseurs et d'une ossature en acier, qui donne lieu à une construction capable de porter et de faire découvrir de nouveaux territoires. L'extérieur d'une tour se distingue par son identité dans un défi pour répondre aux contraintes du sous-sol, du relief, du climat, et des autres éléments urbains. Elle s'efforce de se détacher et de s'élever elle-même pour accentuer son individualité, sa singularité, autrement dit sa valeur iconique. Cette autonomie est consacrée par le sommet, couronne qui achève de lui donner une identité, voire une physionomie reconnaissable par tous et pour tous. Lorsque cette couronne se multiplie, cette répétition brise en quelque sorte l'autonomie de l'objet regardé de l'extérieur, telle celle d'un individu perdu au milieu de la foule, mais son intérieur, particulièrement celui du sommet, peut devenir une entreprise intéressante et qui permet de compenser cette perte, de retourner le regard et de lui faire voir, de haut, un panorama, selon la position et la hauteur de la tour dans l'assemblage constitué par le *skyline*. Cette impression, fugitive dans le cas d'une visite touristique, marque cependant la mémoire du visiteur. Expérience mentale, mémorable plus que visuelle et optique, partageable et partagée, démultipliée presque à l'infini par les appareils de vision d'aujourd'hui.

La notion de sublimation permet d'identifier une réalisation significative des technologies que nous connaissons, principalement conçues comme détachées et éloignées de notre corps, qui produisent des corps inertes et inactifs[5]. Si on considère que le sublime géométrique élabore un schéma qui complexifie le regard au travers du sommet du gratte-ciel comme systématisation géométrique et mathématique d'une maquette de la ville, une direction de recherche serait d'articuler ce schéma ou ce diagramme en le pensant comme cartographie d'un domaine social, historique, qui a généré de nouveaux modes d'imagination et de perception architecturale.

Notes

[1] Kant, Emmanuel, *Critique du jugement, suivie des Observations sur le sentiment du beau et du sublime*, Paris, Hachette Livre BNF, 2012 [1846].

[2] Pérec, George, *Espèces d'espaces*, Paris, Galilée, 2000.

[3] Nye, David E., *American Technological Sublime*, Cambridge, MA, MIT Press, 1994.

[4] Mendelsohn, Erich, *"Amerika": 82 Photographs*, New York, Dover, 1993 [1926].

[5] Van Den Eede, Yoni, O'Neal Irwin, Stacey, & Wellner, Galit, *Postphenomenology and Media: Essays on Human-Media-World Relations (Postphenomenology and the Philosophy of Technology)*, London, Lexington Books, 2017.

CONTRAINTES ET LIBERTÉS DE LA CRÉATION ARCHITECTURALE

CONSTRAINTS AND LIBERTIES OF ARCHITECTURAL CREATION

Pour une architecture non-autonome :
Frederick J. Kiesler et la recherche d'une architecture corréaliste

Bechara Helal, Université de Montréal

In Favor of a Non-Autonomous Architecture: Frederick J. Kiesler and the Search for a Correalist Architecture

The network of exchanges and expertise that Kiesler organized around his Laboratory for Design Correlation seems to be the clearest materialization of his non-autonomous vision of architecture, a vision he did not structure around architectural formal expression, but rather on man as central element.

Dans sa thèse de doctorat, Peter Eisenman énonce une « équation de l'architecture », qu'il présente comme l'intégration d'une série d'éléments distincts : « le concept ou l'intention ; la fonction ; la structure ; la technique ; la forme[1]. » Eisenman constate que la plupart de ces composantes peuvent être qualifiées de *relatives* et il pose l'hypothèse que l'échec du Mouvement moderne en architecture peut être relié au fait qu'il aurait été détourné de son plein potentiel par des recentrements successifs sur certaines de ces composantes (par exemple, l'intérêt pour la fonction mise de l'avant par John Summerson ou celui pour la technique défendu par Reyner Banham). L'architecte américain soutient que l'unique façon d'actualiser le potentiel latent et encore inexploré de l'architecture moderne est de recentrer le discours qui la sous-tend autour de la seule composante de l'équation qu'il considère *absolue*, à savoir *la forme*. Ce faisant, Eisenman plaide pour une approche nouvelle de l'architecture entièrement indépendante de toute trace d'influence provenant de l'extérieur des limites de la discipline. La recherche doctorale qu'il poursuit entre 1960 et 1963 a donc pour but l'explicitation du langage d'une architecture proprement *autonome*, pour reprendre le terme avancé par Stanford Anderson dans sa réflexion sur les limites disciplinaires deux décennies plus tard[2].

Le présent article propose un éclairage historique et théorique sur une recherche diamétralement opposée à celle développée par Eisenman, soit celle que réalise l'architecte d'origine autrichienne Frederick J. Kiesler (1890–1965) dans son *Laboratory for Design Correlation* à l'université Columbia entre 1937 et 1942 et dont le but est l'explicitation méthodologique d'une architecture essentiellement *non-autonome*. En d'autres mots, une architecture qui se définit principalement par un dépassement des limites traditionnelles fixées tant par la pratique que l'académie[3].

De la *Gesamtkunstwerk* au *corréalisme*

Dans les esprits, Frederick J. Kiesler est aujourd'hui vaguement associé à une approche artistique, voire surréaliste, de l'architecture, dont l'image forte est sans conteste le projet de la *Endless House* qu'il développe entre le milieu des années 1920 et la fin des années 1960. **[Fig. 1]** Or, loin de se limiter au domaine de l'architecture, la carrière de Kiesler est véritablement multidisciplinaire, touchant un large éventail de pratiques, de l'art à l'architecture, en passant par la sculpture, la conception de mobilier et la mise en scène de vitrines de magasins et d'espaces de théâtre. Son travail dans les années 1920 sur l'espace théâtral lui permet de tisser des liens étroits avec d'importants acteurs des avant-gardes européennes, tant artistiques qu'architecturales.

Ce travail lui permettra également d'énoncer les idées qui structureront sa pensée architecturale, idées dont on trouve une première formalisation dans l'installation *City in Space [Raumstadt]* qu'il présente au Grand Palais à l'occasion de l'Exposition des Arts Décoratifs et Industriels Modernes de Paris en 1925. **[Fig. 2]**

En réponse à l'invitation de Josef Hoffmann, commissaire du pavillon autrichien, Kiesler propose une structure flottante qui met en scène différents aspects du théâtre autrichien (plans, costumes, maquettes, etc.). *City in Space* n'est pas seulement « à la fois un mobilier d'exposition et une maquette architecturale[4] », mais bien le prototype d'une architecture « libre », indépendante des forces de la gravité et de la prédominance des éléments proprement architecturaux que sont les murs et les fondations de façon à répondre à « l'élasticité de la fonction qu'est la vie » et à permettre « la création de nouvelles possibilités de vie et, à travers elles, de nouveaux besoins pour la société[5]. » En ce sens, elle apparaît comme une utopie sociale qui va au-delà des limites traditionnelles de l'architecture. Comme le relate Kiesler, l'installation apparaît à Theo Van Doesburg comme une actualisation des ambitions du mouvement *De Stijl* : « He turned, saw me, made a veritable leap at me and with tears in his eyes said, "You have done what we all hoped one day to do. You did it[6]." » Ce que Kiesler avait réussi, pour Van Doesburg, c'est l'effacement des limites entre les arts, la matérialisation d'une « œuvre d'art totale », une *Gesamtkunstwerk*. Ce concept, dont l'origine remonte au romantisme allemand du XIXe siècle et dont la Sécession viennoise est héritière, réfère à une vision holistique des arts selon laquelle l'œuvre d'art doit, pour être complète, se matérialiser de façon synthétique et simultanée dans les différentes formes artistiques. Cette approche sera centrale dans les théories des avant-gardes du début du XXe siècle dans lesquelles un effort de décloisonnement des pratiques artistiques s'accompagnera d'une volonté de reconnecter les arts à la vie.

Fig. 2 : *City in Space* [*Raumstadt*], installation de Frederick J. Kiesler au Grand Palais à l'occasion de l'Exposition des Arts Décoratifs et Industriels Modernes (Paris, 1925). Source : ÖFLKS.

Bien qu'il ne se réfère jamais explicitement au terme de *Gesamtkunstwerk*, Kiesler est fortement imprégné par la notion d'effacement des limites disciplinaires et de synthèse des arts[7]. Le concept de « corréalisme » qu'il développera dès le milieu des années 1930 apparaît ainsi comme une explicitation théorique personnelle de cette idée des arts comme un champ continu et cohérent, champ qu'il réorganise autour de la figure de *l'être humain* et auquel il intègre des considérations techniques et constructives. Ces notions sont liées à un questionnement profond chez Kiesler sur la nature de l'architecture qui se situe en réaction à l'obsession récurrente pour les styles dans laquelle sont enfermées tant la pratique que l'académie, obsession que Kiesler associe à ce qu'il qualifie d'« Éternelle Crise en Architecture[8]. » Il formulera de la façon la plus claire son point de vue sur l'état de l'architecture à l'occasion du colloque universitaire portant sur la formation des architectes et designers qui se tient à l'Université du Michigan en 1940 :

Fig. 1 : *Endless House*, maquette de Frederick J. Kiesler (1959). Source : ÖFLKS.

« The Laboratory for Design Correlation at the School of Architecture of Columbia University has set itself the goal to define fundamental needs in life-processes as well as design-processes. Based on its experience it has proposed two new disciplines to combat the Perennial Crisis in Architecture; namely:

- CORREALISM, an investigation into the laws of the inter-relationships of natural and man-made organisms; and
- BIOTECHNIQUE, the application of such knowledge to the specific field of housing man adequately (an applied science)[9]. »

La fatigue comme critère de conception

Ainsi, pour sortir de l'impasse dans laquelle se trouve la discipline architecturale, Kiesler propose une nouvelle approche des questions de conception et de production de l'architecture qu'il détache entièrement de la notion de style pour les recentrer sur la figure de l'être humain, et, plus particulièrement sur son bien-être. Cette explicitation théorique se fera non pas de façon purement conceptuelle, mais plutôt à travers le développement de deux projets spécifiques dans le cadre du *Laboratory for Design Correlation* : dans un premier temps, la *Mobile Home Library* (1937-1939), un réexamen en profondeur du mobilier usuel qu'est la bibliothèque personnelle et, dans un deuxième temps, la *Vision-Machine* (1938-1942), un « dispositif qui démontrerait les actions mécaniques des différentes phases et des cycles récurrents de l'action de voir[10]. » Le travail réalisé sur ces projets permettra à Kiesler de développer une véritable méthode scientifique de conception architecturale, la *biotechnique*, dont la première formulation claire se retrouve dans un article qu'il publie dans la revue *Architectural Design* en 1939[11]. La méthode est ici résumée sous la forme d'une « carte du métabolisme » d'un objet, un diagramme décomposant les différentes étapes de conception de tout objet et liant l'ensemble de ces étapes à la corporalité de l'être humain. **[Fig. 3]** Le résultat de ce processus de conception est un objet non pas esthétique, mais *métabolique* dont la qualité est liée à sa capacité à conserver l'énergie du corps humain avec lequel il interagit, et, par le fait même, à son aptitude à augmenter la productivité de ce corps. Ce but ultime

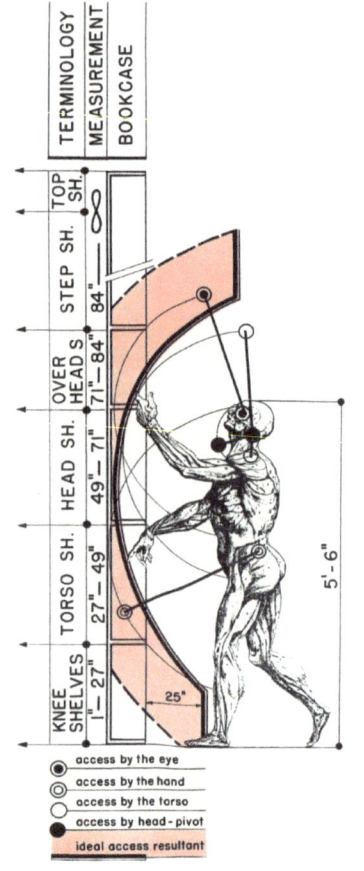

Fig. 4 : Carte de corrélation d'une étagère/bibliothèque. Diagramme de Frederick J. Kiesler (1939). Source : ÖFLKS.

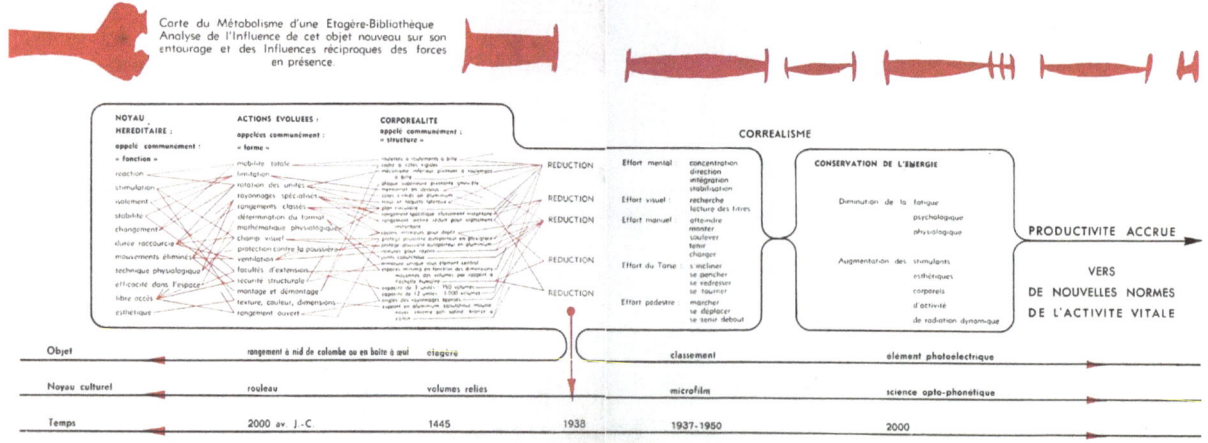

Fig. 3 : Carte du métabolisme d'une étagère/bibliothèque. Diagramme de Frederick J. Kiesler (1939, version en français publiée en 1949). Source : ÖFLKS.

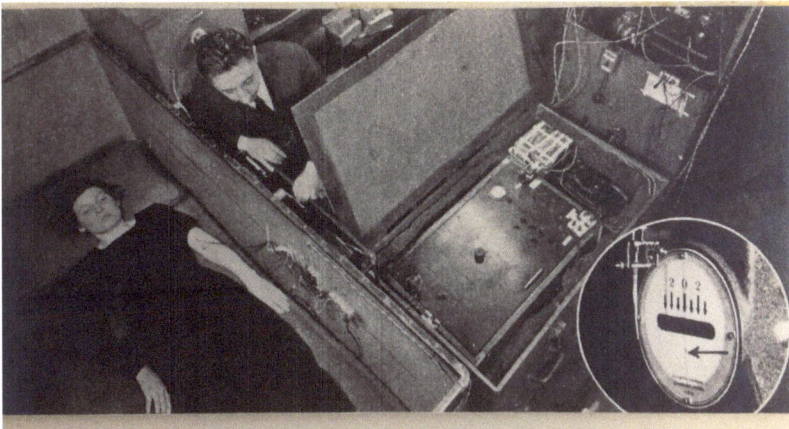

Fig. 5 : Quelques instruments de mesure de l'énergie d'un organisme humain répertoriés par Kiesler : à gauche, le dispositif de mesure de la contraction et de la relaxation musculaire développé par l'université de Chicago avec *Bell Telephone Laboratories* (1928); à droite, le polyéléctrophysiographe conçu par B.E. Moritz Jr (1935). Source : ÖFLKS.

d'un objet — ou d'une architecture — métabolique est par conséquent lié à la réduction de l'ensemble des efforts qu'il génère chez l'être humain[12].
[Fig. 4]

De façon à évaluer de façon empirique la qualité de cette architecture métabolique, Kiesler identifie la fatigue du corps humain comme principale variable mesurable. La méthode qu'il développe consiste alors en une double opération. Dans un premier temps, l'objet à concevoir est soumis à une décomposition avancée à travers laquelle sont distingués les différents éléments qui le constituent. Cette décomposition est suivie, dans un deuxième temps, par un travail expérimental — dans le sens scientifique et empirique du terme — permettant l'évaluation de l'impact de toute transformation formelle sur le niveau de fatigue du sujet qui interagit avec l'objet. Cette cartographie des points de contact entre l'objet architecturé et le corps humain rend possible une compréhension précise des relations liant géométries formelles et niveaux de fatigue et encadre la production d'une architecture métabolique caractérisée par une cohérence holistique entre les composantes distinctes que sont la fonction, la forme et la structure.

Méthodes, instruments et expertises transdisciplinaires

Ayant défini la fatigue du corps humain comme principal critère de conception d'une architecture métabolique, Kiesler et les étudiants qu'il encadre à l'intérieur des murs du *Laboratory for Design Correlation* se lancent dans un important travail de recherche qui aboutira à la formulation d'une liste organisée de méthodes permettant la mesure de l'énergie d'un organisme humain et de ses fluctuations[13]. Kiesler distingue trois grands groupes :

1. les méthodes de mesure de la fatigue par des méthodes bioélectriques ;
2. les méthodes de mesure d'équilibre de l'énergie ;
3. les méthodes de mesure d'échange de la matière par respiration.

Qu'il s'agisse de machines, de dispositifs complexes ou de simples outils, toutes ces méthodes utilisent des *instruments* pour prendre des mesures, et ce quel que soit le phénomène mesuré. **[Fig. 5]** Ces instruments se retrouvent au cœur de la biotechnique comme méthode de conception : ils sont en effet essentiels à la *transformation des qualités d'une architecture en valeurs quantifiables*, et, par le fait même, à la validation de ces qualités d'une façon objective et rigoureuse que l'on pourrait qualifier de scientifique.

Or, toutes les méthodes de mesure de l'énergie identifiées par Kiesler — ainsi que les instruments spécialisés s'y rattachant — sont développées dans des champs situés hors des limites traditionnelles de la discipline de l'architecture. Le travail de recherche permettant la clarification de ces méthodes nécessitera par conséquent d'importants et nombreux recours à des expertises non-architecturales. Kiesler communiquera par exemple avec la American Public Health Association à plusieurs reprises et contactera de nombreux experts scientifiques (principalement dans les différents champs de la médecine et de l'ingénierie) ainsi que des firmes industrielles en vue d'obtenir des éclaircissements sur des méthodes ou des instruments donnés.

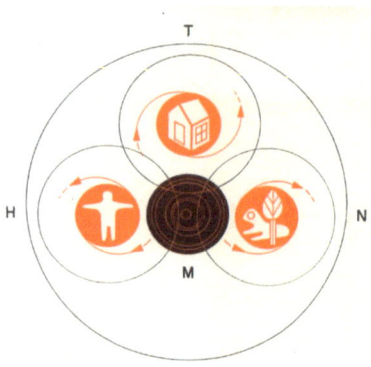

Fig. 6 : « Man = Heredity + Environment ». Diagramme de Frederick J. Kiesler (1939). H = environnement humain; T = environnement technologique; N = environnement naturel; M = homme. Source : ÖFLKS.

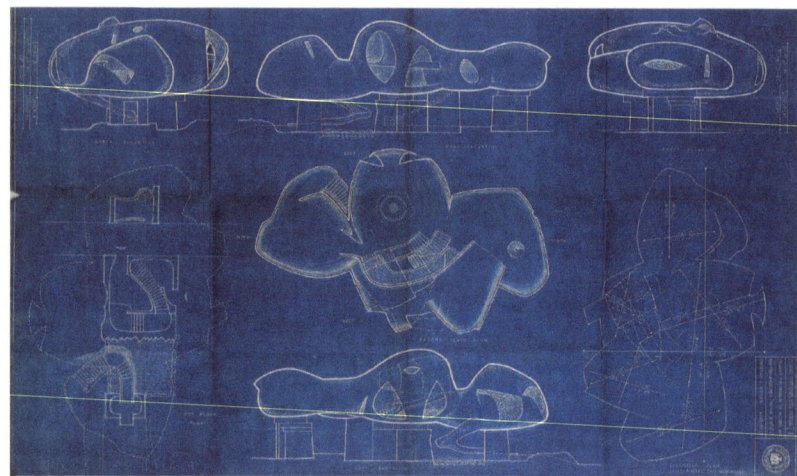

Fig. 8 : *Endless House*, plans et élévations, Frederick J. Kiesler (1959). Source : ÖFLKS.

Dans les rapports de laboratoire préparés périodiquement pour rendre compte des opérations du *Laboratory for Design Correlation*, Kiesler identifie chacun des intervenants ayant participé aux activités du laboratoire[14]. L'analyse de ces répertoires d'expertise permet de constater l'importance croissante de ces intervenants : le nombre des experts sollicités passe d'une dizaine lors de la première session en 1938 à plus d'une vingtaine dès 1939. Mais le constat le plus étonnant est que, et à quelques exceptions près, l'ensemble de ces intervenants provenait de champs entièrement détachés de la discipline architecturale : anatomie, anthropologie, archéologie, chimie, génie électrique, génétique, génie industriel, neurologie, physique, psychologie, socioéconomie et même zoologie. Ce réseau d'échanges et d'expertises que Kiesler organise autour du *Laboratory for Design Correlation* apparaît ainsi comme la matérialisation la plus claire de la vision non-autonome qui anime l'architecte, vision qu'il structure non pas autour de l'expression formelle en architecture, mais autour de l'homme comme élément central.

Figures de la continuité et effacement des limites

Kiesler explicitera cette approche dans l'important article « On Correalism and Biotechnique: A Definition and Test of a New Approach to Building Design » (1939) dans lequel il présente publiquement les résultats de la recherche réalisée à l'intérieur des murs du *Laboratory for Design Correlation* :

« In this paper, I propose to show that the perennial crisis in architectural history is due to the perennial lack of a science dealing with the fundamental laws which seem to govern man as a nucleus of forces; that until we develop and apply such a science to the field of building design, it will continue

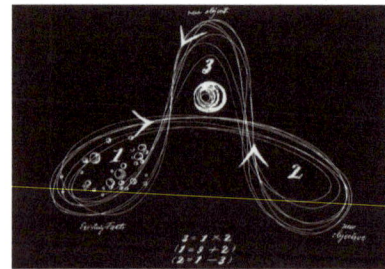

Fig. 7 : « La loi de la création mutation », diagramme de Frederick J. Kiesler (1949). Source : ÖFLKS.

to exist as a series of disparate, overspecialized, and unevenly distributed products; and that only such a new science can eliminate the arbitrary divisions of architecture into: Art, Technology, and Economy, and make architecture a socially constructive factor in man's daily activities[15]. »

Le diagramme qui accompagne cet article met en évidence, d'une part, l'action continue de l'environnement dans son ensemble sur l'homme, et, d'autre part, les interactions permanentes liant les différentes composantes de cet environnement entre elles (environnement humain/ environnement technologique/ environnement naturel). **[Fig. 6]**
Il s'agit également de la schématisation d'une idée chère à Kiesler, celle de la continuité infinie dont le corréalisme apparaît comme une matérialisation. L'architecte proposera une autre mise en image de cette continuité dans le « Manifeste du corréalisme » qu'il publiera en 1949 **[Fig. 7]** : À partir des faits concrets (1), l'idée est engendrée d'une nouvelle exigence (2) qui engendre à son tour une nouvelle réalité pratique (3)… Ce nouvel objet s'insère dans les

faits concrets (1) comme un nouveau membre de la société des existences matérielles. Il devient ainsi le point de départ d'un cycle nouveau de transformations. La continuité des forces n'est jamais interrompue[16].

Cette « continuité jamais interrompue » est au cœur de l'ensemble de la carrière de Frederick J. Kiesler. Elle organise les processus de conception et, comme nous l'avons vu, elle est à l'origine d'une vision transdisciplinaire de l'architecture. Cette continuité est également le processus structurant qui organise tant formellement que conceptuellement le projet emblématique qu'est la *Endless House*. **[Fig. 8]** Ne serait-il pas alors enfin temps de voir ce projet sur lequel Kiesler a travaillé près de quatre décennies non plus comme un cas d'architecture expérimentale dans le sens artistique du terme, mais bien comme le véritable prototype d'une architecture-manifeste qui remet en question les limites de sa propre discipline — en d'autres mots, le prototype d'une architecture non-autonome ?

Notes

[1] Eisenman, Peter, The Formal Basis of Modern Architecture (Ph.D. Thesis, Architecture), Trinity College, University of Cambridge, 1963, p. 25.

[2] Anderson, Stanford, « On Criticism », Places, Vol. 4, no. 1, 1987, pp. 7-8.

[3] Une version plus complète de la réflexion livrée ici est présentée dans la thèse doctorale Les laboratoires de l'architecture : Enquête épistémologique sur un paradigme historique (Université de Montréal, 2016), Chapitre 3, pp. 119-194. Cette recherche doctorale a pu profiter d'un accès privilégié aux archives de la Fondation privée autrichienne Friedrich et Lillian Kiesler à Vienne (Österreichische Friedrich und Lillian Kiesler Privatstiftung), ci-après identifiée par le sigle ÖFLKS.

[4] Krejci, Harald. « Seat Furniture as Architecture», In Friedrich Kiesler Designer: Seating Furniture of the 30s and 40s (eds. Pessler, Monika, & Krejci, Harald), Ostfildern-Ruit, Hatje Cantz, 2005, p. 15.

[5] Kiesler, Frederick J., « Vitalbau – Raumstadt – Funktionelle Architektur », De Stijl, Vol. 6, nos. 10-11, 1925. Une partie du manifeste sera traduite et paraîtra en anglais dans la revue avant-gardiste G : « The City in Space », G: Materials for Elemental Form-Creation, No. 4, 1926, p.12.

[6] Creighton, Thomas H., « Kiesler's Pursuit of an Idea », Progressive Architecture, Vol. 42, no. 7, July 1961, p. 110.

[7] Sur le concept de Gesamtkunstwerk et son application dans les espaces des arts de la scène chez Kiesler, voir Haines-Cooke, Shirley, Frederick Kiesler: Lost in History: Art of This Century and the Modern Art Gallery. Newcastle upon Tyne, UK, Cambridge Scholars Pub., 2009, pp. 69-79.

[8] Kiesler, Frederick J., On General Design Correlation (Statement prepared for Dean Wells I. Bennett). Conference on Coordination in Design with regard to Education in Architecture and Applied Design. University of Michigan, Ann Arbor, ÖFLKS, Box TXT01- Manuscripts/Typescripts, TXT3015/0, non daté, p. N1.

[9] Ibid., p. N2.

[10] « An apparatus which would demonstrate in mechanical action the different phases and recurring cycles in "seeing" », Kiesler, Frederick J., Memorandum [on the Vision Machine] (ÖFLKS, Box REC03-Laboratory for Design Correlation, Activities/Reports, F02-Text Reports, TXT7207/0, N1-5, non daté), p. N3.

[11] Kiesler, Frederick J., « On Correalism and Biotechnique: A Definition and Test of a New Approach to Building Design », Architectural Record, No. 86, September 1939, pp. 60-75.

[12] Dans le cas du projet de la Mobile Home Library, Kiesler identifie un certain nombre d'efforts distincts : effort mental, effort visuel, effort manuel, effort du torse, effort pédestre.

[13] Une retranscription de la liste complète des méthodes et instruments de mesure de l'énergie du corps humain intégrant les descriptions compilées par Kiesler et son équipe est disponible dans la thèse doctorale Les laboratoires de l'architecture : Enquête épistémologique sur un paradigme historique, Annexe 8, pp. 367–373.

[14] Une retranscription des rapports de laboratoire préparés par Kiesler entre 1938 et 1940 est disponible dans les annexes de la thèse doctorale Les laboratoires de l'architecture : Enquête épistémologique sur un paradigme historique, Annexes 3 à 6, pp. 333–358.

[15] Kiesler, Frederick J., « On Correalism and Biotechnique: A Definition and Test of a New Approach to Building Design », p. 60.

[16] Kiesler, Frederick J., « Manifeste du Corréalisme ou les états unis de l'art plastique », L'Architecture d'aujourd'hui, No. HS 2, Juin 1949, pp. 1-23.

The Edge of her Garden:
Sveva Caetani and the Frontier of Potential

Cynthia Hammond, Concordia University

La limite de son jardin: Sveva Caetani et la frontière du potentiel

De toute évidence, la maison située au 3401 Pleasant Valley Road n'a rien de remarquable d'un point de vue de la profession architecturale. Toutefois, quand on étudie l'architecture et le décor de la maison Caetani à la lumière des vies et des choix de ses occupants, une histoire différente émerge. Et c'est cette histoire qui m'a encouragée à suggérer que si certains bâtiments sont inséparables des « contingences de leur époque et de leur lieu », comme Anderson le propose, il en est ainsi à cause des utilisateurs et des occupants qui opèrent à leur métamorphose.

Stanford Anderson observes that in contrast to the profession of architecture, which belongs to architects alone, "a wider set of actors" has an active stake in, and shapes the cultural terrain of architecture as a discipline.[1] These actors, for Anderson, include "builders, historians, critics [and] amateurs" as well as engineers, preservationists, and lay people. I want to propose an extension of Anderson's category of the "lay person" to include another important agent, namely the user, or occupant. Architectural historians such as Dolores Hayden and Dell Upton have made convincing cases for the analysis of architecture in relation to users, arguing that the position (gendered, classed, racial) and experience of the user bears directly on what architecture is, or can be, for that individual or group. I want to take up this stance in my consideration of a 125-year-old heritage building in the Okanagan Valley in central British Columbia, today called the Caetani Cultural Centre (CCC).

The CCC, formerly a private home, is now a public art centre and artist residency program in the small town of Vernon (pop. 40,000). I was artist in residence in this program in April 2017. My research-creation project, *The Edge of her Garden*, explored the history of this 6000 square foot house and the surrounding 1.5 acre grounds through the lives and choices of its mostly female twentieth-century inhabitants. I engaged with this history via a series of ten paintings, made on site, in the "Ninfa" studio on the CCC grounds. I was particularly interested to learn about and respond to the unusual spatial histories of the various inhabitants who shaped the house and grounds into what they are today, especially Sveva Caetani, after whom the CCC is named. **[Fig. 1]** Caetani's life revolved around this house and garden in dramatic ways, which underscore the significance of the changes she made to her home after 1965. The purpose of this work was to transform her home into a place where she and other women could flourish as artists. This transformation, which has continued after Caetani's death, is the focus of this essay.[2]

Sveva Ersilia Giovanella Maria Fabiani (1917-94) was born in Rome one century ago this year to Leone Caetani, the Prince of Teatro, and Ofelia Fabiani **[Fig. 2]** of whom little is

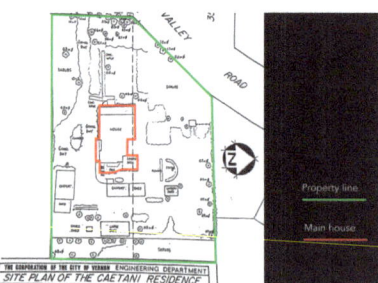

Fig. 1 : Corporation of the City of Vernon, site plan, 3401 Pleasant Valley Road, 1987. Source: Greater Vernon Museum and Archives, Caetani fonds.

Fig. 2 : Sveva Caetani (right) with her parents, Ofelia Fabiani (right) and Leone Caetani (centre), c. 1927. Date and photographer unknown. Image courtesy of the Vernon Museum and Archives, Caetani fonds, photograph no. 12426.

known. Caetani's father was, at the time of Sveva's birth, married to an Italian noblewoman, and would remain so until his death. He, Ofelia, and Sveva lived in Italy and other European countries until Sveva was almost four years old. But in 1921 the family emigrated to Canada, it is said to escape the rise of fascism in Italy, but likely also to live freely, as a family. Having previously visited western Canada, Caetani's father chose Vernon as their Canadian home. He left the choice of house to Fabiani. She selected a large, wooden house just east of Vernon's city centre, formerly the residence of Vernon's mayor.[3] **[Fig. 3]** Sveva Caetani would live 67 of her 77 years in this property. Her early years were spent shuttling from the Vernon house to far grander mansions and palazzos in Paris, Italy, and London, where her parents' relatives, friends, and investments were located. This lifestyle ended abruptly, however, in 1929 with the stock market crash and Great Depression. Several years later, Leone Caetani, who was very close to his daughter, was diagnosed with throat cancer. He died in 1935, when Sveva Caetani was 17 years old.

Following Leone Caetani's death, Sveva became, in essence, a prisoner to her mother's fear of abandonment. According to Sveva, Fabiani was an exceptionally reserved person. Despite speaking other languages fluently, she found communication in English difficult, and refused to speak the language of her adopted country. She was thus already isolated by the time her husband died. "She went into a shell with his death and never left again," Caetani said.[4] "[My] mother was in a panic that I should be independent and leave her."[5] As a result of that fear, the young Sveva was essentially forbidden to leave the family home or its grounds except to vote and, later, to deal with lawyers. For years, she was not allowed to sleep in her own room, finish her schooling, hold a job, have friends or any social contact with the external world. **[Fig. 4]**

As Caetani explained in an interview conducted the year before she died: "It was imprisonment. For the first 16 years [after my father's death] I did not leave this house… I didn't leave the garden."[6] In a 1991 interview with the CBC, Vicki Gabereau asks, "Did you never escape once?" To which Caetani replies, "No. [My mother] nearly died when I was born, and she was left with a very weak heart. I was not going to abandon her."[7] Caetani described the situation this way: "She hung on to me … it's quite easy to persuade an 18-year old that if she [her mother] does anything on her own she will have a heart attack and die."[8] **[Fig. 5]**

Caetani's loyalty to her mother was tested by the fact that Fabiani was adamantly opposed to her daughter's creativity, specifically writing and painting. **[Fig. 6]** Eventually Caetani gave up these treasured activities in order to keep the peace. "It was like death in life," she later said.[9] Deeply constrained by the impact of the stock market crash upon their family fortunes, as well as hostile attitudes towards Italian-Canadians during WWII, there seemed few options open to Caetani but to accept the situation. Caetani later explained, "One thinks one makes a choice but actually one is trying to answer a riddle, and that riddle is one's life."[10] Caetani certainly found the twenty-five years of isolation difficult. In 1990 she told an

Fig. 3 : Caetani House, 3401 Pleasant Valley Road, Vernon, British Columbia. Photograph: Brad Moore for the Morning Star, Sunday, December 4, 1994. Source: Greater Vernon Museum and Archives, Caetani fonds.

Fig. 4 : Cynthia Hammond, *Rome began at our front gate*. Acrylic and talcum on canvas, 10x20" (2017).

interviewer, "from father's death up until mother's death, my life was undiluted misery."[11]

Caetani took refuge in the one thing she was allowed to do: read. She said: "If I hadn't had the books to read I don't know how I would have survived … but I had the books. I read and read and read."[12] **[Fig. 7]** As a result of this reading, Caetani was able to construct a life philosophy[13] which she would refine for many decades through her engagement with some of the world's finest thinkers, from art historians to leading quantum physicists. That intellectual journey would eventually compel Caetani to write a 56-page letter to Stephen Hawking. Penned four years before her death, the letter explores the "frontier or horizon of [an event]" as the relationship between the present and the future.

In this letter, Caetani explains how "futurity" is not "a state following 'now', but … actually is … the emerging edge of event itself, which I [call] the horizon or frontier of event or happening."[14] In other words, for Caetani, only a slender boundary of space and time separates us from the future, a slim edge between where we are here, and now, and "a reservoir of unrealized possibility."[15] While in Vernon, I was moved by Caetani's perspective, which has much in common with recent feminist thinking about futurity, boundaries, and potential.[16] And I was also compelled by the notion that she had conceived of this perspective as a result of, or in relation to, her time of profound constraint. Her freedom, much like the edges of the world visible at the perimeter of her family property, must have always seemed only just out of reach. **[Fig. 8]** That this future, this possibility was tied to her mother's wishes and, indeed, existence becomes clear when in 1960, Ofelia Fabiani died. Of this moment, Caetani says simply, "life began."[17]

Caetani's first action after her mother's death was to spend her small inheritance — about $4000 — making repairs and changes to the house. With no formal training in either design or construction, Caetani removed and rebuilt floors, walls, and ceilings, and changed the program of the house. According to an unpublished paper by Terry McKay, Caetani "began extensive renovations … replacing by herself the old ceilings with decorative new ones. [She] built beautifully finished tables and bookcases … using the talents she had developed in carpentry."[18] This work was more than a simple renovation. Caetani was, room by room, reconstituting her former prison. Such a reconstitution was a major undertaking that would continue with more intensity after a seven-year absence from Vernon, during which time Caetani obtained her teaching certificate and taught art in a neighbouring town. On her 1976 return to Vernon, Caetani set about more changes, altering the house's "very large kitchen-pantry … to become a bedroom, hallway, bathroom and a storage room as well as a kitchen. The forty-five foot long ballroom became a living-dining area as well as an extended art room."[19] This space would become Caetani's own apartment and studio. In order to be able to afford to keep the building in her name, Caetani also constructed other apartments in the two upper floors of the house, which she rented out to artist friends such as the painter Joan Heriot (1911-2012).

Fig. 5 : Cynthia Hammond, *Did you never escape once?* Acrylic and talcum on canvas, 20 x 10" (2017).

Fig. 6 : Sveva Caetani painting in the "BX", a rural district near Vernon, 1930. Photographer unknown. Image courtesy of the Vernon Museum and Archives, Caetani fonds, photograph no. 12551.

Caetani created a self-contained unit incorporating her mother's former bedroom on the second floor, equipping it with a kitchen, and enclosing a second-story porch in order to create a day-room. Caetani also converted the third-floor attic into an independent apartment, with its own bathroom and kitchen.**[Fig. 9]** Eventually a fourth apartment was added on the ground floor, towards the back of the building.

Most of the labour Caetani undertook herself. "I laid the sub-floors myself, and I fixed the ceilings myself… I am quite a good carpenter," she said proudly in 1991.[20] In another interview, Caetani revels in her transformation of the house: "If you go to the library you will see the ceiling I put in myself. And the bookshelves I made myself… I designed all the changes I made."[21] But her pride in these accomplishments was tinged with regret. At the end of one interview she concludes rather sadly, "I always wanted to be an architect."[22]

Unfortunately, there is little documentation of these changes in the form of plans and drawings, but oral histories made with Caetani and her circle before her death explain how she learned these skills by close observation of the workmen who were occasionally allowed into the house for repairs in the later years of her mother's life. Other sources, such as the occasional notebook or sketch, show that Caetani learned some techniques from reading, and some construction knowledge from the very few servants who were retained following the financial devastation of the Depression and WWII. One such employee was "George", a Chinese-Canadian immigrant who, in addition to having a very different experience of class and racism in Canada than Caetani, would have also had a different relationship to the Caetani house itself during the years of Ofelia Fabiani's reign. **[Fig. 10]** Several photographs in the Caetani fonds depict servants, a fact that inspired me to think about the ways in which employees of the family had a freedom that Sveva Caetani did not. George helped look after the house and grounds, and took the Caetani's Great Pyrenees for walks. He would have had a direct influence on Caetani's sense of the world during these intensely withdrawn years. Sadly no part of the Caetani fonds relate the experiences of the family's employees, not even the mysterious Mis Jüül (birthdate unknown), who moved to Canada with the family in 1921 and lived with Sveva Caetani until she died in 1975.

The archives do however reveal that Caetani had hidden her father's woodworking tools from her mother in the attic, as if she knew she would build something one day. By 1976 Caetani had largely completed the transformation of her house, at which point she began her life's work as an artist: a series of 56 large-scale watercolours, titled *Recapitulation*, that would occupy her for the next thirteen years.[23] A retelling of Dante's Inferno through the lens of her own life, *Recapitulation* is perhaps most remarkable for how it begins with the particular — one small family — but claims the conceptual territory of all epic, transhistorical journeys in art and literature. Perhaps it is because she was able to complete such a substantial oeuvre, in a studio she designed herself, in a house that she had essentially reconstituted, that Caetani was able to describe this building towards the end of her life as something beloved. "I have cherished it", she told an interviewer. "It is a very cherished home for me."[24] During the last four years of her life, Caetani went to great effort to have the City of Vernon accept her house and property as a future art centre. She died three years after achieving this goal, in 1994. Caetani's compelling life

Fig. 7 : Cynthia Hammond, *I read and read and read...* Acrylic and talcum on canvas, 20x10" (2017).

Fig. 8 : Cynthia Hammond, *Horizon*. Acrylic on canvas, 10x20" (2017).

story cannot help but take centre stage in accounts of this historic building, but there are other user-occupants whose perspectives matter, including its staff, past and present, and its non-proprietor residents. While I was in Vernon, my guides to the traces of Caetani's work in and with the house were, in fact, the Centre's long-term artist residents. These individuals, as well as Caetani administrative staff and volunteer gardeners responded to my series of paintings by sharing their "situated knowledge"[25] of this site with me, describing their living and working spaces as flexible, private, and conducive to their respective creative practices. Sandra de Vries is a Dutch-born Canadian who moved into the Caetani house fifteen years ago, before the current artist in residence program was established. She lived with her two sons and a cat in the apartment that Caetani had created out of her mother's bedroom and four other rooms. A metalworker, De Vries built an outdoor metal studio on the Caetani grounds and ran a local art gallery. After her sons left home, de Vries moved to the attic apartment, where she enjoys an additional, small studio as well as generous living and sleeping areas, and a considerable amount of concealed storage under the eaves. With her own entrance, skylights, and private balcony, de Vries feels as if she is alone, in the company of others. She deeply appreciates this unusual juncture of freedom, community, and creative space.[26]

When I left Vernon in late April of this year, staff were preparing to decide on the timeline and allocation of a major grant from the Department of Canadian Heritage, which has awarded Cultural Spaces Funding to the Centre for significant repairs and changes.[27] These include the installation of a sprinkler system, the creation of a climate-controlled museum and exhibition space, and renovations to the current apartments. While a plan is in place to recreate Caetani's studio as it was during her lifetime, the renovations will mean changes to her carefully-designed ceilings, as well as her decisions about the house's layout. Further, these changes will privilege short-term visitors like myself, as they are contingent upon the departure of long-term residents. And it is these individuals, their living and working spaces that arguably are the vital link to the previous era, Caetani's era of creative co-habitation, and a room — or apartment — of one's own. Of course such change is normal, and in terms of realizing Caetani's vision, it will be in many respects a laudable improvement. But with this federally-funded transformation, what makes the Caetani house and grounds so unusual and, for me, special will disappear. In their own way, the coming alterations speak to Caetani's idea that we are always able to perceive the future as the edge on our horizon.

Clearly the building at 3401 Pleasant Valley Road is in no way remarkable from the perspective of the architectural profession. However, when one considers the architecture and setting of the Caetani house in relation to the lives and choices of its occupants, a different story emerges. And it is this story that encourages me to suggest that if certain buildings are inseparable from "the contingencies of their time and place," as Anderson proposes, then this is so because of the users and occupants that effect their metamorphosis.

Fig. 9 : Attic apartment, Caetani Cultural Centre, April 2017. Photograph by the author.

Fig. 10 : Cynthia Hammond, *George*. Acrylic and talcum on canvas, 20x10" (2017).

Notes

[1] Anderson, Stanford, "On Criticism", *Places*, Vol. 4, no. 1, 1987, pp. 7-8.

[2] See Hayden, Dolores, "Urban Landscape History: The Sense of Place and Politics of Space", in *The Power of Place: Urban Landscapes as Public History*, Cambridge, MA, MIT Press, 1995, pp. 14-43 and Upton, Dell, "Black and White Landscapes in Eighteenth-Century Virginia", *Places: A Quarterly Journal of Environmental Design*, Vol. 2, no. 2, Winter 1985, pp. 59-72.

[3] In setting out to create a series of paintings based on the complex relationship between Sveva Caetani, her home, garden, and her creativity, I made use of several research resources: the Greater Vernon Museum & Archives (GVMA) holds the Caetani family fonds, including over 500 historic photographs related to the family's life in Canada and Europe, especially Italy. The textual sources are significant; I consulted Caetani's childhood journals, her legal correspondence, study notes from Victoria, sketches and designs, an unpublished manuscript, and her many letters to editors between 1935-1960. The GVMA also holds almost three hours of digitized interviews with Caetani. I also spoke informally with ten people with a direct relationship to the house, grounds and/or the Caetani family.

[4] According to an unpublished essay in the Vernon archives, Ofelia Fabiani selected this building "because she [liked] the way the sun [shone] through the windows and the shadows of leaves [fell] on the walls". Terry McKay, "Nineteenth Century Heritage Home", (unpublished paper written before 1983), 9 p., GMVA. The purpose of this essay is not clear, but it may have been written for a university course. The essay is annotated with notes and corrections in Sveva Caetani's hand.

[5] "Ideas" with Ann Pollock, Dec. 1993, GVMA.

[6] *Ibid.*

[7] *Ibid.*

[8] Interview with Vicki Gabereau, CBC, 1991, GVMA.

[9] Quoted in Thorne, Susan, "Sveva Caetani: Celebrating the Path Taken", *Okanagan Sunday*, 27 March, 1994, p. 3. See also Avery, Karen, "The Caetani Family in Vernon, 1921-c. 1960", in *Caetani di Sermoneta: An Italian Family in Vernon, 1921–1994*, (ed. Harding, Catherine), Vernon, BC, Greater Vernon Museum and Archives/Vernon Public Art Gallery, c2003, p. 15.

[10] Avery, Karen, *Op. cit.*, p. 15.

[11] Pollock, Ann, *Op. cit.*

[12] "Friends of History", Interview with Edna Oram, 1990, GVMA.

[13] Pollock, Ann, *Op. cit.*

[14] Pollock, Ann, *Op. cit.*

[15] Caetani, Sveva, "Open letter to Stephen Hawking", 24 January 1990, p.3, GMVA.

[16] Daphne Marlatt observes that, for Caetani, "the very concept of 'boundary' is only a 'construction of possibility'". See Marlatt, Daphne, *Reading Sveva*, Vancouver, Talonbooks, 2016, p. 8.

[17] See, for example, Grosz, Elizabeth, "The Time of Architecture", in *Embodied Utopias: Gender, Social Change and the Modern Metropolis*, (eds. Bingaman, Amy, Sanders, Lise, & Zorach, Rebecca), London & New York, Routledge, 2002, pp. 265-278.

[18] "Friends of History", Interview with Edna Oram.

[19] Terry McKay, "Nineteenth Century Heritage Home", p. 5.

[20] *Ibid.*, p. 6.

[21] Interview with Vicki Gabereau.

[22] "Friends of History", Interview with Edna Oram.

[23] Interview with Vicki Gabereau.

[24] That series, *Recapitulation*, now owned by the Alberta for the Arts Foundation, is the subject of a major monograph by Heidi Thompson (*Recapitulation: A Journey*, Vancouver, Coldstream Books, 1995) and an insightful thesis by art historian Karen Avery (*The Elusive Self: Storytelling and the Journey to Identity in Sveva Caetani's Autobiographical Series, Recapitulation*, M.A. Thesis, University of Victoria, 2000.

[25] "Friends of History", Interview with Edna Oram.

[26] Haraway, Donna, "Situated Knowledges: The Science Question in Partial Perspective", *Feminist Studies*, Vol. 14, no. 3, Autumn 1988, pp. 575-599.

[27] Conversation with Sandra de Vries, 23 April, 2017.

[28] See "Great News! Caetani Centre receives Government of Canada Department of Canadian Heritage Cultural Spaces funding", *Caetani Cultural Centre*, 12 February 2017. https://caetani.org/2017/02/great-news-caetani-centre-receives-department-of-canadian-heritage-cultural-spaces-funding/

Le concours d'idée entre déterminisme et autonomie : Le cas des écoles

Anne Cormier, Université de Montréal

The Competition Ideas Between Determinism and Autonomy : The School's Case

The competition for ideas enables a form of thought on architecture situated between discipline and profession: for it to have an impact, the project originating from a competition of ideas cannot ignore entirely all the parameters which would help its reception; furthermore, it provides a greater autonomy since it aims precisely at liberating both design and authors from the obligation of realization.

Cette contribution au séminaire du L.E.A.P. se situe dans le cadre de la préparation à une demande de subvention de recherche-création qui porte sur le potentiel de l'école comme lieu de développement de l'intelligibilité de la qualité globale des lieux construits, disons de l'architecture.

Mes collègues Georges Adamczyk et Jean-Pierre Chupin qui s'intéressent depuis longtemps aux édifices scolaires contribueront à ce projet qui s'appuie entre autres sur des recherches menées par Jean-Pierre Chupin au L.E.A.P. en 2011-2012 et plus particulièrement sur son texte d'août 2012 *Concourir à la qualité de l'architecture scolaire*[1]. Il s'appuie aussi sur les récents travaux d'un groupe de professeurs en éducation de l'UQO et de l'Université de Montréal portant sur le développement de « l'autonomie intellectuelle, la pensée critique et la prise de position raisonnée et argumentée[2] » par le biais de l'interprétation d'espaces urbains.

Il est également inspiré par les difficultés que rencontrent des commissions scolaires montréalaises qui doivent composer avec un programme fonctionnel et technique, géré par Québec, n'ayant rien à voir avec les réalités d'une grande ville en densification : pourquoi une école devrait-elle être un édifice monofonctionnel avec terrain de jeu extérieur au ras de la chaussée, alors qu'un tel programme peut être intégré à un édifice comprenant divers usages — on le voit ailleurs dans le monde — et que des cours d'école sont parfois construites bien au-dessus du niveau du sol ?

Le sujet de l'architecture scolaire n'est pas nouveau. Au Québec, le système d'enseignement a connu un virage important au milieu des années 1960 suivant la publication du *Rapport de la Commission royale d'enquête sur l'enseignement dans la province de Québec*, présidée par Mgr Alphonse-Marie Parent, vice-recteur de l'Université Laval, le *Rapport Parent*.

Dans la vague de la transformation de l'architecture des écoles (qui ne se manifeste alors pas qu'au Québec, loin de là), un jeune Melvin Charney écrira un article intitulé « An Environment for Education » dans lequel il fait l'apologie de la création de nouvelles formes urbaines, proposant l'arrivée de voisinages verticaux intégrant des écoles. Pour appuyer son propos, il rappelle: « In 1948, Le Corbusier put a primary school and nursery on the top of his famous Unité d'Habitation in Marseilles; here the children go up to school in a clear-sighted demonstration of things to come[3] ».

Dans ces mêmes années, Charney réalisera l'École primaire Curé Grenier où « chaque espace de l'enseignement est défini par la structure[4] » selon la description qui est faite de cette école dans le périodique *Architecture-Bâtiment-Construction*.

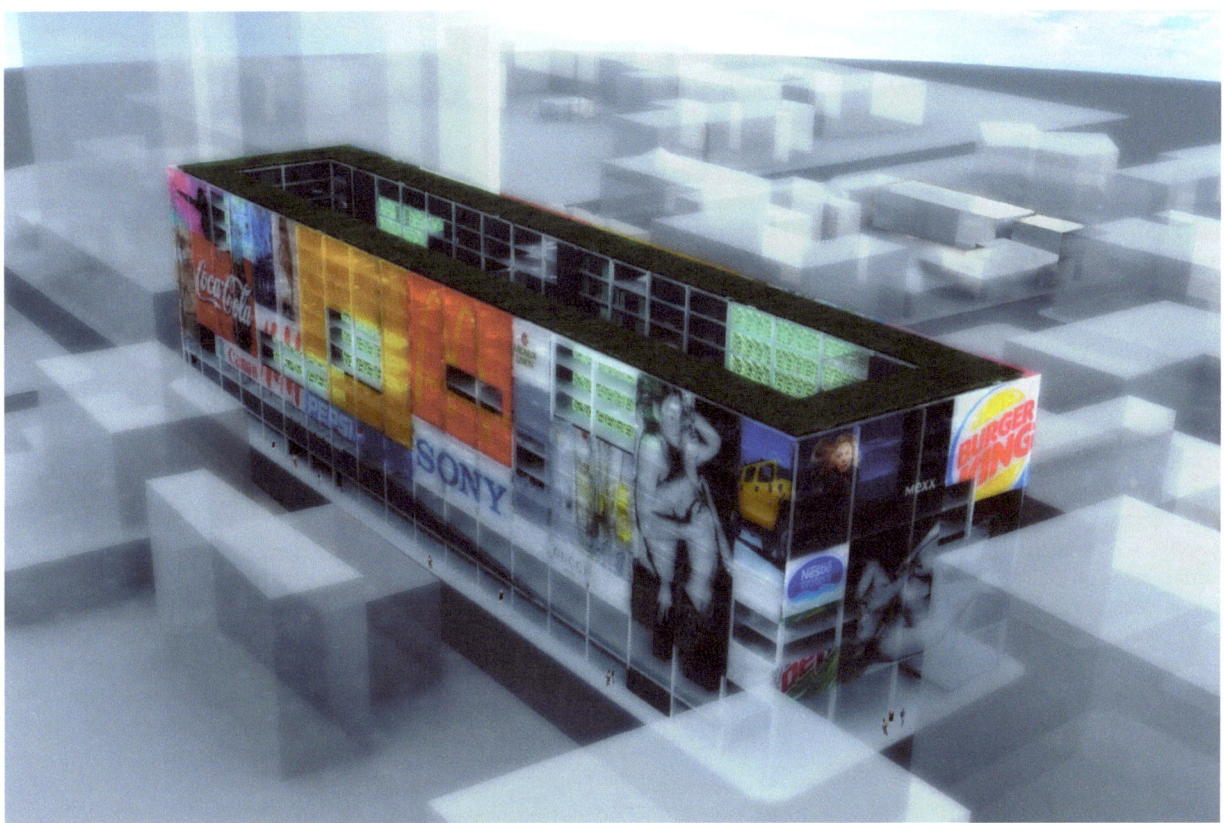

Fig. 1 : Illustration d'un méga îlot intégrant des espaces destinés à l'agriculture urbaine tirée de la proposition *Cultivating Potentials* conçue par l'équipe formée de Derrick Lai, Kevin James et Mandy Wong, lauréats au concours *Repenser et redéfinir le logement social au centre-ville* de 2006. Source : Catalogue des concours canadiens.

L'environnement qu'elle crée y est présenté comme « un régulateur d'échanges informatiques[5] ». On comprend que le rôle conféré à l'architecture dans cet édifice va bien au-delà de la seule résolution pratique du programme et qu'il s'agit de réaliser un lieu s'adressant littéralement par le construit à ceux qui l'occupent.

Plus récemment, sur la côte ouest, les projets des architectes Patricia et John Patkau et ceux des architectes McFarland Marceau ont remis, grâce au caractère innovant de leurs réalisations tant au chapitre de la spatialité que de la matérialité par la présence du bois, le sujet de l'école à l'ordre du jour de l'architecture canadienne.

Au Québec, une longue période de stagnation suivit les expérimentations des années soixante. En 2011, la construction de 20 nouvelles écoles et l'agrandissement de 25 autres écoles firent simplement l'objet d'appels d'offres suivant le procédé privilégié par le gouvernement pour l'attribution de mandats professionnels qui tend à favoriser les firmes ayant beaucoup construit et qui offrent leurs services au plus bas prix, alors que ces 45 projets auraient pu être l'occasion d'engager la communauté architecturale dans une importante réflexion au sujet de l'architecture scolaire.

À la même époque, les firmes Cannon Design, VS Furniture et Bruce Mau Design publiaient, chez Abraham à NY, l'ouvrage largement autopromotionnel *The Third Teacher: 79 Ways You Can Use Design to Transform Teaching & Learning* visant à exposer l'influence de l'environnement scolaire, le « 3e maître », sur la capacité d'apprentissage des élèves. La recherche qui a mené à cette publication a aussi donné lieu à la création d'un département, *The Third Teacher+*, au sein de la multinationale d'architecture et de design Cannon Design : « *The Third Teacher+* is an educational design consultancy within the global architecture firm, Cannon Design. We're a multidisciplinary group that looks at the whole picture, the whole ecology of learning. We design learning environments and use design thinking to strategize cultural, pedagogical and organizational change with clients. Our living practice was born out of a collaborative research experience that resulted in the book, *The Third Teacher*[6] ».

Aujourd'hui, le sujet de l'architecture scolaire refait progressivement surface au Québec. À l'automne 2015, le magazine *Esquisse* publié par l'Ordre des architectes du Québec y consacrait un numéro intitulé : *Architecture scolaire — rattrapage en cours*. En éditorial, la présidente de l'OAQ, Nathalie Dion, écrivait : « Oui, le Québec obtient la note de passage dans l'entretien et la construction de ses bâtiments scolaires. Pour ma part, je considère que c'est insuffisant pour se préparer, en tant que société, aux défis qui nous attendent, surtout dans un monde où le savoir des citoyens est la meilleure garantie d'un futur prospère[7] ».

En mars dernier, au grand dam du milieu de l'éducation, un trio formé de l'architecte, Pierre Thibault, du cuisinier, Ricardo Larrivée, et du triathlète et grand promoteur de l'activité physique, Pierre Lavoie, obtenait un financement substantiel du gouvernement du Québec pour soutenir son projet de « Lab-école » afin de concevoir, selon les documents budgétaires, un « nouveau milieu de vie qui donne le goût aux enfants d'apprendre[8] ».

Au même moment se tenait l'initiative *Repenser l'école*, un « blitz de co-création pour favoriser l'innovation en éducation[9] » dont l'objectif était présenté comme suit : « *Repenser l'école* souhaite favoriser le développement de solutions innovantes et concrètes, entre autres digitales, qui permettent d'améliorer l'expérience de l'enfant en milieu scolaire et la possibilité de soutenir les enseignants dans leur travail. *Repenser l'école*, c'est aussi l'occasion de susciter une réflexion sur l'architecture et le design de nos écoles et l'alimentation de nos jeunes en milieu scolaire[10] ».

Et quelques mois plus tard, le 14 juin 2017, on pouvait lire dans *Le Devoir* sous le titre « Des millions pour agrandir et construire des écoles »:

« Le gouvernement Couillard compte investir 400 millions de dollars pour agrandir ou construire 41 écoles du Québec dès cette année.

Le ministre de l'Éducation, Sébastien Proulx, a aussi accordé mardi une subvention de 2,54 millions à l'école d'architecture de l'Université Laval dans le but de soutenir l'innovation en architecture scolaire.

Dirigé par la professeure Carole Després, ce projet « permettra de faire le pont entre la recherche universitaire en matière d'infrastructures scolaires et la gestion des projets de construction, d'agrandissement et de rénovation des écoles par les commissions scolaires[11] ».

Le besoin de mieux construire les édifices scolaires est clairement à l'ordre du jour, mais quel peut être l'impact réel de l'architecture ? L'architecture est-elle une infrastructure ? Une machine à apprendre ? La conclusion du texte de Jean-Pierre Chupin cité plus tôt avance le postulat suivant quant au potentiel de l'architecture scolaire :

« L'idée que la qualité architecturale puisse avoir un impact sur les conditions d'apprentissage, voire sur la réussite scolaire oscille peut-être encore entre mythe et réalité, puisqu'à en juger par la timidité des politiques publiques à cet égard, la réponse ne doit pas être aussi évidente que le souhaiteraient les architectes. D'autant que ce que les recherches les plus sérieuses tendent à montrer, c'est bien qu'il faut se garder de toute vision déterministe. La bonne architecture ne fait pas une bonne pédagogie. On ne peut séparer la qualité des espaces de celle des encadrements pédagogiques, même s'il n'est pas certain que le meilleur des professeurs puisse enseigner n'importe où. Reste une question obsédante qui nous renvoie à une responsabilité fondamentale de nos sociétés dites avancées : ne devrait-on pas donner à nos enfants un cadre de vie qui témoigne de l'importance de la place que leur

Fig. 2 : Illustration d'un édifice intégré à un ensemble d'infrastructures urbaines à proximité de la Place Bonaventure à Montréal tirée de la proposition *Habiter le centre-ville*, conçue par l'équipe formée de Sébastien-Paul Desparois, Céline Mertenat, Simon Goulet et Benoit Muyldermans, mention d'honneur au concours *Repenser et redéfinir le logement social au centre-ville* de 2006. Source : Catalogue des concours canadiens.

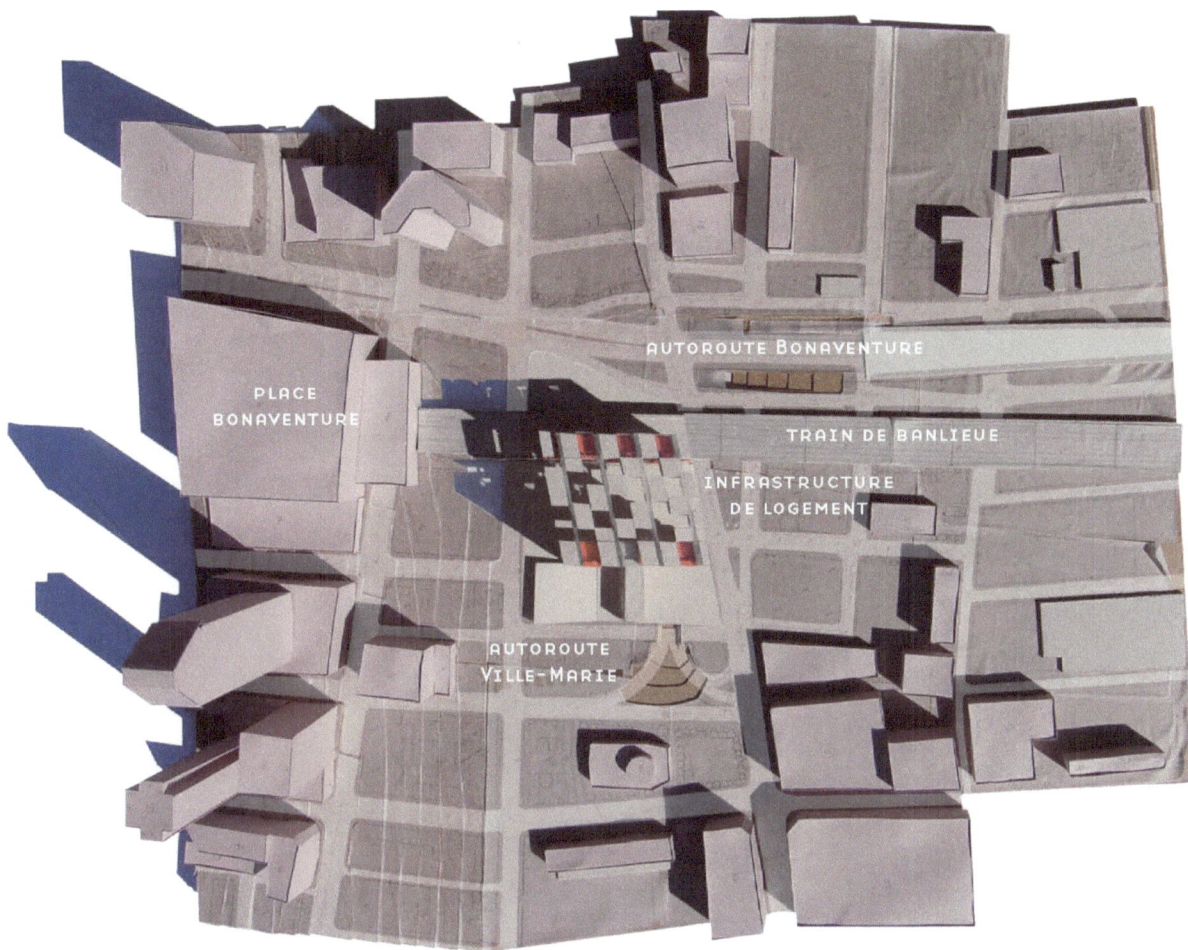

Fig. 3 : Maquette d'un édifice intégré à un ensemble d'infrastructures urbaines à proximité de la Place Bonaventure à Montréal tirée de la proposition *Habiter le centre-ville,* conçue par l'équipe formée de Sébastien-Paul Desparois, Céline Mertenat, Simon Goulet et Benoit Muyldermans, mention d'honneur au concours *Repenser et redéfinir le logement social au centre-ville* de 2006. Source : Catalogue des concours canadiens.

accorde la société ? Au final, si la qualité architecturale ne garantit pas la réussite scolaire, on s'accordera au minimum pour souhaiter qu'elle contribue à l'éducation architecturale et donc à une meilleure compréhension du rôle de la qualité urbaine, de la capacité de nos villes, à soutenir la vie citoyenne. De l'école à la vie en société, il ne devrait y avoir que quelques pas dans l'architecture[12]».

Le projet de recherche-création en préparation reprend ce postulat et considère le paramètre de la densification de la ville. Il s'agira donc d'explorer le potentiel de l'édifice scolaire comme lieu de développement de l'intelligibilité de la qualité du cadre de la vie quotidienne dans le contexte de la densification de Montréal.

La méthodologie du projet reprend en partie celle qui a été élaborée lors d'un premier projet de recherche-création portant, quant à lui, sur le logement social en tant que moteur de la transformation des centres-villes canadiens et montréalais[13] : le volet création reposant essentiellement sur la tenue d'un concours auquel participeront des équipes d'étudiants de niveau maîtrise.

A posteriori, il est très intéressant de constater que des concurrents aux concours de 2007 et 2008 avaient exploré le filon de la densité, de la construction en hauteur et de la réappropriation de l'espace destiné à la circulation automobile en réponse à l'invitation de considérer le logement social comme espace propice à la création à l'innovation et à la critique dans le contexte des centres-ville canadiens. Quelques-unes de leurs propositions préfigurant des développements qui ont pris forme depuis.

Alors que ces premiers concours reposaient essentiellement sur l'expertise des chercheurs du L.E.A.P., ce nouveau projet devrait bénéficier de l'apport d'experts extérieurs pour mieux ouvrir la réflexion sur ce que pourrait être une école en centre-ville montréalais et à déverrouiller le carcan des multiples règles et règlements qui s'applique présentement à leur réalisation.

En ce sens, et pour en venir au sujet du colloque, le concours d'idées favorise une pensée sur l'architecture qui se situe entre discipline et profession : pour qu'il ait un impact, le projet issu d'un concours d'idées ne peut ignorer totalement tous les paramètres qui pourraient favoriser sa réception, par ailleurs, il offre une plus grande autonomie puisqu'il vise justement à libérer le projet et son auteur de la contrainte de la réalisation.

Dans le cas précis d'un concours d'idées portant sur « l'édifice scolaire comme lieu de développement de l'intelligibilité de la qualité du cadre de la vie quotidienne dans le contexte de la densification du milieu urbain », le programme d'école sera allégé du poids d'exigences issues de considérations complètement étrangères aux conditions du milieu urbain pour favoriser une large exploration de ce que peut être un édifice scolaire réalisée dans un tel milieu.

Cette recherche-création tente donc de participer à la profession et à la discipline. Ceux qui contribuent au projet (et qui y contribueront) ne le font pas à titre de professionnels. Il s'inscrit cependant certainement dans le « cadre des possibilités offertes par une société à un moment historique donné » et il tient compte de contraintes extérieures. Celles du financement de la construction et de l'entretien — deux conditions qui semblent insolubles dans l'état actuel des

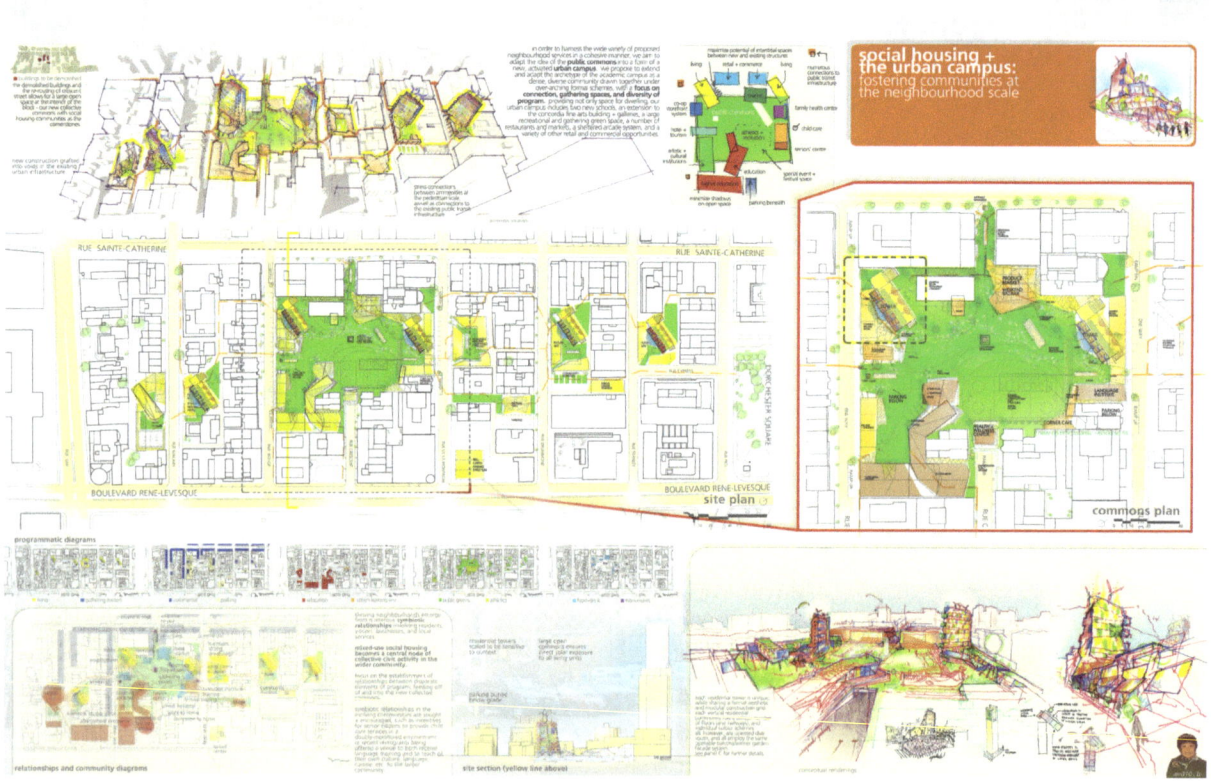

Fig. 4 : Planche de présentation d'un ensemble d'édifices formant un campus urbain tirée de la proposition *Stiching together the urban infrastructure: The collective commons as the urban campus* conçue par l'équipe formée de William MacIvor, Barbra Moss et Gillian Savigny, deuxième prix au concours *Repenser et redéfinir le logement social au centre-ville de Montréal* de 2007. Source : Catalogue des concours canadiens.

choses — offrent, par exemple, une piste qui pourrait, en plus de la qualité architecturale, donner un effet de levier à la réception des résultats de la recherche-création.

Cette recherche-création contribuera-t-elle à identifier le «développement de nouvelles potentialités en architecture»? Les résultats des concours de 2006 à 2008 qui posait le logement social «comme espace propice à la création à l'innovation et à la critique dans le contexte des centres-ville canadiens» permettent de l'envisager.

L'hétéronomie peut-elle favoriser l'autonomie qui peut à son tour contribuer aux conditions de l'hétéronomie? Il me semble que c'est toujours possible (à divers degrés) et que le concours d'idées offre des conditions particulièrement favorables à cette contribution.

Il semble aussi que la proposition de Jean-Pierre Chupin de «[s'accorder] au minimum pour souhaiter [que l'architecture] contribue à l'éducation architecturale et donc à une meilleure compréhension du rôle de la qualité urbaine, de la capacité de nos villes, à soutenir la vie citoyenne» permet de cerner un objectif qui ramène justement le concours d'idée à la discipline et à ce qu'elle peut offrir à la société.

Le concours d'idée ne mène pas à la réalisation d'un édifice. Dans ce contexte, quelle est la responsabilité des organisateurs, du jury et des concurrents? Quelle est la part des déterminismes dans ce type de concours? Et comment affecte-t-elle la valeur qui pourrait être attribuée aux résultats du concours? Finalement le concours d'idée peut-il contribuer à rendre un projet utopique plus concret? Où se situerait-il alors? Entre discipline et profession?

Notes

[1] Chupin, Jean-Pierre, «Concourir à la qualité de l'architecture scolaire», in *Monographie sur la rénovation de l'Athénée royal Riva Bella* (eds. Dassonville, Chantal, & Cohen, Maurizio), Bruxelles (Collection Visions no. 9), 2013, pp. 36-43.

[2] Demers, Stéphanie, et al., «Interpréter le patrimoine et l'espace urbain pour initier les élèves à la pensée historique : Perceptions d'enseignants et de leurs formateurs», in *Éveil et enracinement : Approches pédagogiques innovantes du patrimoine culturel* (ed. Larouche, Marie-Claude, & al.), Québec, Presses de l'Université du Québec, 2016, p. 71.

[3] Charney, Melvin, «An Environment for Education», *The Canadian Architect*, Southam Business Publications Limited, March 1967, p. 30.

[4] «École primaire Curé Grenier, Notre-Dame-des-Laurentides», *Architecture-Bâtiment-Construction*, Montréal, la Compagnie d'Éditions Southam Ltée, novembre 1967, p. 36.

[5] *Ibid.*, p. 36.

[6] http://thethirdteacherplus.com/aboutus/, Repéré le 1er mai 2017.

[7] Dion, Nathalie, «Architecture scolaire – rattrapage en cours», *Esquisse* (Montréal, OAQ), Vol. 26, no. 3, Automne 2015, p. 5.

[8] http://plus.lapresse.ca/screens/74144603-fdbb-435c-b632-88ff4d46c04b%7C_0.html, Repéré le 30 mars 2017.

[9] http://repenserlecole.quebec/faq/, Repéré le 22 février 2017.

[10] *Ibid.*

[11] Fortier, Marco, & Bélair-Cirino, Marco, «Des millions pour agrandir et construire des écoles», http://www.ledevoir.com/societe/education/501155/quebec-investit-400-millions-pour-agrandir-ou-construire-des-ecoles, Repéré le 14 juin 2017.

[12] Chupin, Jean-Pierre, *Op. cit.*, p. 42.

[13] Voir https://leap-architecture.org/recherche/logement-social-recherche-creation/

Distance entre coupe et plan

Adrienne Costa, Université de Montréal

> *The design of the Villa Baizeau at Carthage illustrates this intersection between the discipline, as materialized in the "manifesto section" of [Le Corbusier's] architectural theory, and the profession, as expressed by the constraints of the Mediterranean climate and by the functional requirements of the plan.*

Les conditions de la pratique architecturale[1] se situent à l'intersection entre l'interne et l'externe à la discipline. La conception de la villa Baizeau à Carthage illustre les conditions de cette intersection entre la discipline, concrétisée par une coupe manifeste de la théorie architecturale, et la profession, exprimée par les contraintes du climat méditerranéen et par les attendus sur la fonctionnalité du plan. Le Corbusier et Pierre Jeanneret dessinent de nombreuses propositions d'esquisses pendant plus d'un an. Dans l'*Œuvre Complète*[2], Le Corbusier choisit de montrer deux versions du projet, celle dont « La coupe a apporté ces diverses solutions[3] » et celle, réalisée suivant les contraintes portant essentiellement sur le plandont « La coupe n'a plus le même intérêt[4] ».

Lucien Baizeau, entrepreneur et distributeur de matériaux, possède un terrain dans la baie de Tunis à Carthage, en surplomb d'une crique. Ayant pris connaissance du principe Domino à Stuttgart, en janvier 1928, il demande à Le Corbusier de concevoir une maison sur son terrain. De l'hiver à l'été 1928, Le Corbusier et son cousin, Pierre Jeanneret, vont présenter plusieurs variantes d'un projet fondé par sa coupe, *génératrice*. Mais le client, qui convient de l'intérêt architectural de la coupe, ne s'y attarde pas dans la mesure où elle ne répond pas à la façon dont il souhaite vivre. Il dessine un plan et donne des indications précises sur les relations entre les pièces, la protection du soleil et du Sirocco. Ce n'est qu'à l'été 1929, que le client accepte finalement une proposition reprenant les contraintes données par ses propres plans annotés et ses prescriptions fonctionnelles.

La coupe génératrice versus le plan générateur

Les premiers croquis d'étude de l'agence font apparaitre plans et coupes, simplement juxtaposés (FLC25005). Ce choix de disposition sur le calque d'étude permet de les mettre en rapport et de les dissocier, en s'affranchissant de leurs liens de causalité mutuels.

Dès les premiers croquis de coupes, la maison s'isole du sol et du ciel grâce aux *pilotis* et au *parasol*. Le foyer spatial est ainsi soulevé au *piano nobile* et la toiture-terrasse protégée. De dessin à dessin, s'installe la mise en relation des pièces et des terrasses dans une composition reposant sur une transparence diagonale traversant la coupe. Se dessinent deux volumes équivalents, tous deux en double hauteur l'un contenant le séjour et l'autre, les chambres. Le volume des chambres semble ainsi avoir subi successivement, en coupe, une opération de réplication symétrique puis une translation verticale. La figure ainsi dessinée en coupe n'est ni une symétrie, ni un svastika, mais un état intermédiaire entre les deux. Il en résulte, sur la coupe remise le 25 février 1928, dans leur intersection, un espace central de circulation situé dans l'axe de ce cisaillement qui offre des visions plongeantes, selon le cas, soit au-dessus du séjour, soit au-dessus des chambres.

La transparence diagonale à l'origine de cette figure est également le dispositif destiné à permettre une ventilation traversante ascendante. Le salon, la salle à manger et la terrasse nord, espace majeur, sont en double hauteur. Les autres espaces sont plus comprimés et plus ombragés. **[Fig. 1]**

La façade Est, porteuse, ce qui est une entorse au principe de « façade libre » corbuséen, suppose dans sa composition l'intégration des poteaux. Après plusieurs essais de compositions de pleins et vides, l'élévation devient plus simplement la projection, l'empreinte de la coupe.

Une intersection non réalisée entre profession et discipline ?

Le 2 mai 1928, Lucien Baizeau écrit à Le Corbusier :

« Nous avons longuement examiné, Madame Baizeau et moi, les plans que vous nous avez adressés au début d'avril. […] nous avons complètement modifié votre projet. […] nous avons donné plus d'extension à la terrasse située devant la salle à manger, qui servira également le salon. Nous avons

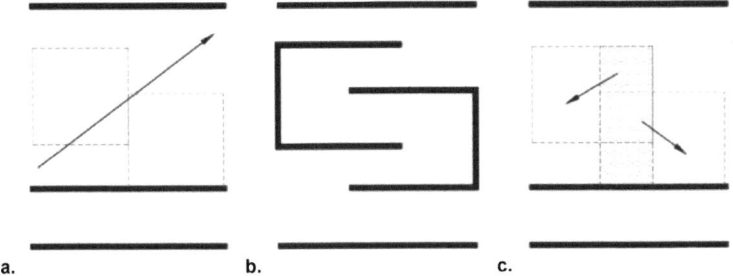

Fig. 1 : a) Transparence diagonale d'une terrasse à l'autre, b) Intersection des chambres et du séjour, c) Visions plongeantes depuis la circulation, Dessin : Adrienne Costa.

mis sur cette terrasse la cuisine en saillie, pour avoir une protection contre le sirocco (vent du sud-ouest) qui, sans cet écran, rendrait à certains jours la terrasse insupportable[5] ».

En juin 1929, Lucien Baizeau valide une esquisse de l'agence fidèle à ses attentes et prescriptions. Le Corbusier et Pierre Jeanneret ont renoncé à la coupe génératrice du projet de l'hiver 1928 et proposent une maison présentant de grandes terrasses filantes sur trois côtés.

Le fonctionnement du plan est au cœur des préoccupations de Lucien Baizeau, tandis que la coupe du projet est déjà une avancée théorique significative dans l'esprit de son créateur. Une distance s'installe sur trois niveaux : d'abord au niveau du dessin, entre la coupe et le plan qui génèrent des projets différents, ensuite au niveau de la relation entre l'architecte et le client dans leur perception du projet, enfin entre le dessin et le projet construit dans la mesure où, tandis que la version de 1929 a été réalisée, la coupe du projet de 1928 est une coupe manifeste et archétypique, un objet théorique qui sera analysé, entre autres, par Bernard Hoesli[6] et Max Risselada[7], et qui pourrait bien prétendre être un précédent à la villa Shodhan et à d'autres villas de Le Corbusier.

Dans le cas de cette rencontre entre la coupe et le plan, entre l'architecte et le client, entre le dessin et le projet construit, il semble que les conditions pour que soit possible une intersection entre discipline et profession n'aient pas été rassemblées. Cela est-il dû à la résistance de la coupe elle-même ? À la position particulière d'un client appartenant au milieu du bâtiment ? C'est ici pourtant une issue qui ne semble pas regrettable si l'on considère d'une part que monsieur Baizeau a réalisé la maison qu'il souhaitait, et d'autre part que Le Corbusier a pu transmettre la coupedu projet non réalisé afin qu'elle serve la théorie en tant que manifeste disciplinaire.

Notes

[1] Anderson, Stanford, « On Criticism », *Places*, Vol 4, no. 1, 1987, pp. 7-8.

[2] Le Corbusier, *Œuvre complète* (5e éd.), Zurich, Éditions Girsberger, 1953. *Extrait de Le Corbusier, Œuvre complète, Volume 1, 1910-1929.*

[3] *Ibid.*

[4] *Ibid.*

[5] *Echelle-1 Internationale | Le Corbusier Plans.* The DVD Collection, Fondation Le Corbusier, Box 1, Vol. 2, Lettre du 2 mai 1928 citée par Tim Benton.

[6] Rowe, Colin, *Transparency*, Basel & Boston, Birkhäuser Verlag, 1997. Analyse de la villa Baizeau par Bernard Hoesli.

[7] Risselada, Max, & Technische Hogeschool Delft, *Raumplan versus Plan Libre: Adolf Loos and Le Corbusier, 1919-1930*, New York, Rizzoli, 1988.

PENSER L'AUTONOMIE DISCIPLINAIRE

THINKING
DISCIPLINARY AUTONOMY

The (Im)Possibility of an Autonomous Environmental Architecture

Carmela Cucuzzella, Concordia University

"One should ask not whether architecture is autonomous, or whether it can willfully be made so, but rather how it can be that the question arises in the first place, what kind of situation allows for architecture to worry about itself to this degree."
– K. Michael Hays (1998)[1]

L'(im)possibilité d'une architecture environnementale autonome

Cet essai comprend deux parties principales. Après avoir situé la question de l'autonomie entre les interprétations de Manfredo Tafuri et de Pier Vittorio Aureli, tout en considérant les arguments de Reyner Banham concernant la signification de l'autonomie de l'architecture, j'oppose ces points de vue sur l'autonomie à l'architecture environnementale, afin d'évaluer la pertinence de l'autonomie aujourd'hui. Est-ce que l'idée d'une architecture autonome garantit que la discipline et la profession ne seront pas affaiblies par les priorités du virage écologique dans la production de l'environnement bâti ?

Environmental architecture today gathers a wide and heterogeneous series of principles and concepts from a variety of disciplines. It cannot be recognized as a coherent field in the sense coined by sociologist Pierre Bourdieu, that is, a social space that structures strategic action for control over resources that are construed as forms of capital, where capital encompasses economic, social, cultural, and symbolic dimensions.[2] Given this expanded field, this paper reflects on the question of the possibility of an autonomous environmental architecture.

Can contemporary questions relating the natural and built environments be entirely autonomous of the other, in the self-governing sense of the term? In either case, there seems to be a risk of degradation. On the one hand, if architecture is somehow conceived autonomously from its environment, there is a risk of devastation. On the other hand, if the environmental strategies for a building are designed independently from its architectural conceptualization, then there is the risk of degenerating architecture into the most clichéd designs of green architecture — considered as banal, non-iconic and acritical with reference to its formal qualities.[3]

This paper comprises two main parts. After situating the question of autonomy between the negative interpretation of Manfredo Tafuri and the positive one of Pier Vittorio Aureli, while considering Reyner Banham's arguments regarding the significance of autonomy for architecture, it confronts these views on autonomy with environmental architecture in order to gage the relevance of autonomy today. Can the idea of an autonomous architecture ensure that the discipline and profession are not weakened by an overarching green agenda in the built environment?

Autonomy and Architecture: Tafuri, Aureli and Banham

The term autonomy has been in constant mutation since at least as far back as the 1930s, when Emil Kaufmann situated autonomy in it formal qualities, while focusing on the work of Claude-Nicolas Ledoux during and after the revolutionary period in France.[4] According to Anthony Vidler, Kaufmann concluded that Ledoux's work represented a departure point from the classical tradition of the 18th century. Vidler termed the phrase, "architecture of isolation" — the transition from the baroque unity to the pavilion system, from the formal totality to the functionally defined units, from "dynamic" to "static" composition.[5] Vidler, knowing that Kaufmann's work had been attacked from both the left and the right, highlighted what Meyer Shapiro, a highly revered art historian and critic, understood of Kaufmann's work. Shapiro claimed that Kaufmann's aims were essentially confined to demonstrating the relations between

Fig. 1 : Buckminster Fuller's geodesic dome over midtown Manhattan, 1960, running from 62nd Street down to 22nd, was a mile high and 1.8 miles across intended to regulate weather and reduce air pollution. Copyright: R. Buckminster Fuller.

thought in the social form and thought about architectural form.[6]

In the 1960s, rather than focusing on the formal characteristics, architects challenged the technologically driven projects, for example: Buckminster Fuller's geodesic dome over midtown Manhattan **[Fig. 1]**; Paolo Soleri's anamorphic structures **[Fig. 2]**; and Archizoom's no-stop city.[7] **[Fig. 3]** It was during this time that Tafuri along with other Marxist thinkers, criticized architecture's inability to disengage itself from the predominant production model, since even if an impossibility, was the only way for architecture to survive. Tafuri theorized how architecture as practice must be, yet could not be separated from the capitalistic means of production. Having lost all hopes for architecture, he considered that the task of ideological criticism was "to do away with impotent and ineffectual myths, which so often serve as illusions that permit the survival of anachronistic 'hopes in design'."[8] One such myth was architectural autonomy, including the *autonomia* slogan of the *operaismo* movement by radical left-wing groups in Western Europe during the 1960s and early 1970s opposition to the inevitable bourgeois characteristic of architecture under capitalism.

For Banham, who had quite a different perspective about the importance of autonomous architecture, the architect's task was rather to stimulate a dialog with the circumstances within which humans live. He considered architecture to be the direct result of the techno-natural backdrop.[9] Banham criticized modernism because of its unremitting distance from social conditions. He also condemned the idea of intellectual dominion in the discipline of architecture. For Banham,

"architects as an organized profession have been happy to hand over all forms of environmental management, except for structural, to other specialists (electrical, mechanical, engineers; heating and ventilating specialists; consultants on traffic and system engineering, communications and control) and they have taught young architects to continue this dereliction of manifest duty (...) It is obviously too late in the day to begin blaming architects for the fact that this situation exists, especially since the blame lies also with a society at large for not having demanded of them that they be any

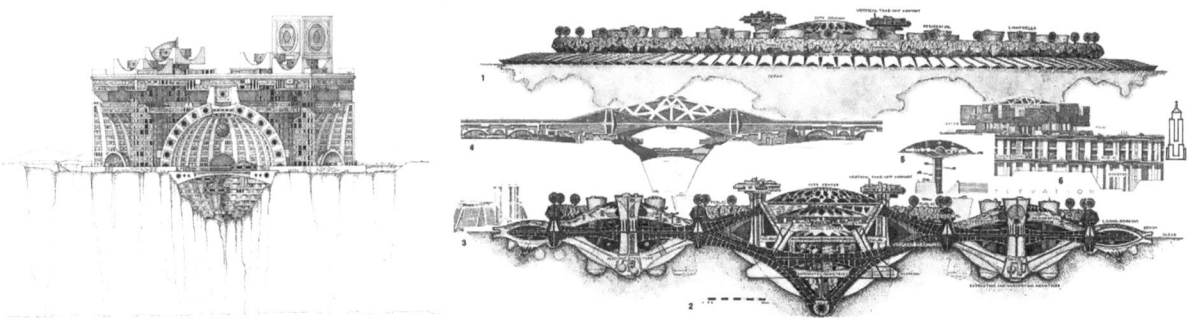

Fig. 2 : Paolo Soleri's drawings of (Left) Arcosanti, (Right) Novanoah Arcology, 1970. Copyright: Cosanti Foundation.

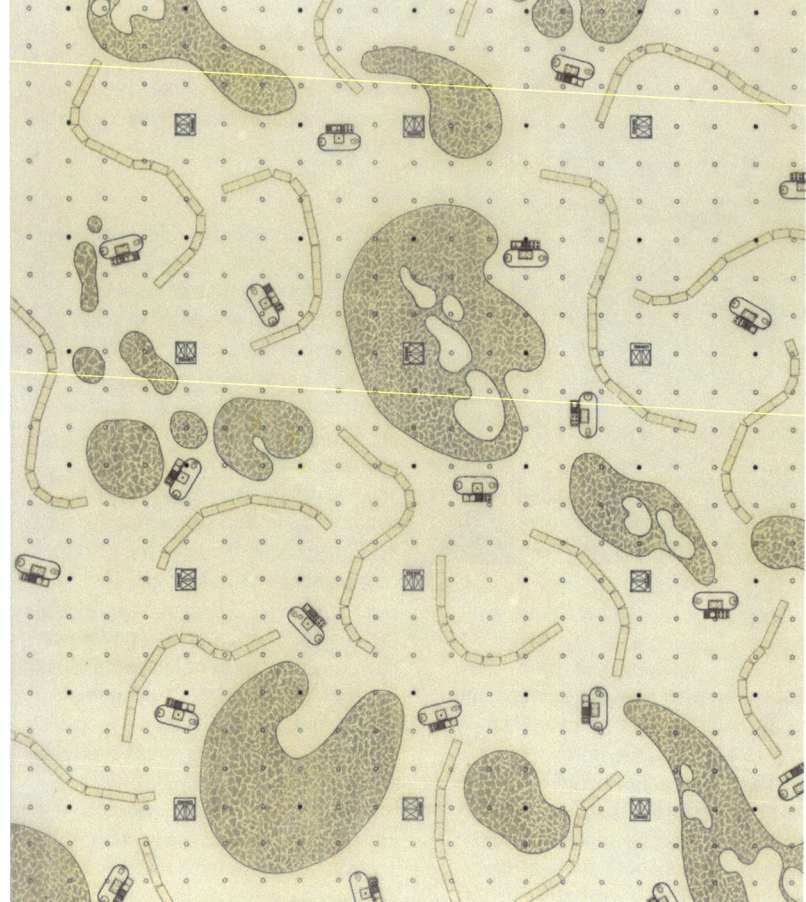

Fig. 3 : Andrea Branzi of Archizoom, *Residential Park, No-Stop City*, project plan, 1969. Copyright: MoMA, Gift of The Howard Gilman Foundation.

(the city) is a legitimate adversary and "architecture as the separation and self-containment of generic forms."[14] Agonism for Aureli is the instrument for dialog between architecture and the city, where architecture is separated from the city, yet remains connected, so it cannot free itself from the city.[15] An example of this form of agonism is the iconic building as an instrument of separation in the face of the mutability of the city, and therefore as a form of political action. It is in the process of separation inherent to architectural form that the political is manifest.

This ability for architecture to be at once separated through resistance yet connected to the city represents the notion of an archipelago and is why the analogy of the archipelago is key in Aureli's thesis of autonomy. The archipelago is both separated and united with respect to the city. When Aureli writes that "The city made by agonistic parts is the archipelago,"[16] he refers to the archipelago as a space of confrontation

more than the creators of inefficient environmental sculptures, however handsome."[10]

He explained the need to work closely with other disciplinary expertise. For him architects needed a better understanding of the field of study in which they would intervene. However, it is not necessary for one person to embrace all this knowledge. Rather for Banham, if autonomy meant that architects should act without outside assistance, then architecture as a profession and discipline could not survive. This position was in direct opposition to that of Tafuri, who theorized architecture's radical conflict yet inevitable submission to the contemporary condition and external influences.[11] According to Anthony Vidler, the technological enthusiasm of Banham became one of the elements of the anti-humanist drift by capitalism that Tafuri theorized in his views on autonomy in architecture.[12]

Today, Aureli, develops a renewed reading of autonomy in *The Possibility of an Absolute Architecture*, where architecture engages with the city through resistance, confrontation and critical distance.[13] He refers to this as a form of agonism, where the opponent

Fig. 4 : Rem Koolhaas, Madelon Vriesendorp, *Welfare Palace Hotel*, Roosevelt Island, New York, Cutaway axonometric. 1976, Architecture as the life raft of the (decaying) city. Copyright: 2017 Rem Koolhaas.

within the city. For him politics is agonism through architecture's acts of separation, revealing not only the essence of the city, but also the essence of itself as political form. An example, as pointed out by Aureli, is the Welfare Palace Hotel by Rem Koolhaas and Madelon Vriesendorp. **[Fig. 4]** The "architecture of the archipelago must be an absolute architecture, an architecture that is defined by and makes clear the presence of limits which define the city."[17] This separation is an agonistic confrontation — one in which the conflict is key in the struggle for coexistence. Autonomy, in this way, can be manifested by architects through images, texts as well as in the built form.

The term *agonism*, adopted by Aureli, has been greatly theorized by Chantal Mouffe in *Agonistics: Thinking the World Politically.*[18] Agonists are particularly concerned with debates about democracy — a tradition also referred to as agonistic pluralism. For Chantal Mouffe "agonistic confrontation [that] takes place in a multiplicity of discursive surfaces." In her view, the operaists, by putting the entire efforts to the worker movement, simplified the complexity of capitalism. Agonism for Mouffe represents a new way to think about democracy. Rather than thinking about the aim of democracy as one of consensus, agonism represents an arena where differences can be confronted. Samuel A Chambers, a political theorist emphasizes that agonism is not antagonism, but rather:

"Agonism implies a deep respect and concern for the other; indeed, the Greek agon refers most directly to an athletic contest oriented not merely toward victory or defeat, but emphasizing the importance of the struggle itself — a struggle that cannot exist without the opponent."[19]

Fig. 5 : Different levels of a 'green' influence on the formal expression of two environmental educational buildings: (Up) *Nanyang Technological University School of Art*, Design and Media, Singapore, by CPG Consultants, 2009; (Down) *Human Ecology Building* – Cornell University, Ithaca, New York, USA, by Gruzen Samton – IBI Group, 2012.

This interpretation is coincident with Mouffe who advocates the positive dimension of contestation,

"Antagonism is struggle between enemies, while agonism is struggle between adversaries."[20]

A manifesto referencing Chantal Mouffe's interpretation of the term *pluralistic agonism* was presented in an article published in 2013 by Kenneth Frampton in an issue of *Domus* entitled, *Towards an Agonistic Architecture*.[21] For Frampton, agonistic architecture continues to place emphasis on the particular brief, nature of typography and climate in which it is situated while giving high priority to expressiveness and physical attributes.[22] Frampton never uses the term autonomous in his article but rather describes the need to dialogue with the site while remaining integral to form. For Frampton, a pluralistic agonistic architecture is categorically opposed to stylistic hegemonic spectacularity of the neoliberal worldview — in other words, opposed to the influence of corporatism on architecture. He states that architecture cannot act politically, contrary to Aureli, but can be agonistic in order that it may oppose the falsely sensational and superficial aesthetic of our time. How does this interpretation of agonistic architecture relate to that of Aureli?

Indeed, Aureli's project is achieved by separating the economic dimension from the political since this is the only way to achieve autonomy.[23] In this interpretation, the economic dimension when separated from the political perspectives allow the architectural project to remain autonomous and integral to its discipline since this allows the project to exist within the capitalistic system while also remaining a political object of resistance. While he aims to lay claims to an inheritance of the Italian Autonomists, his take on autonomy is through the possibility that architecture can act politically, yet escapes the economic and the managerial. Aureli seeks to make architectural practice possible, even in a capitalist mode of production, where architectural autonomy is therefore aligned with the labor of the creative class.[24]

Is Autonomous Environmental Architecture Possible?

Let's consider how environmental architecture, can be reflected within these views of autonomy and agonistic architecture. Indeed, in the 1960s, both the social (community based design) and the natural (environmental and ecological) sciences started to occupy a large space in architecture. More specifically, in the 1960s, the drive towards holistic approaches of public and individual human settlements gave rise to the idea of environmental design, as a means to transcend the boundaries between various disciplines: architecture, landscape, urban and product design.[25] This first "environmentalism" culminated, amongst other manifestations, in the formation of the Environmental Design Research Association (EDRA) founded in 1968. In the 1970s, a time where the energy crisis forced a rethinking of how things are made, environmentalism

Fig. 6 : Different levels of a 'green' influence on the formal expression of two environmental museums: (Up) *Buk Seoul Museum of Art*, designed by Samoo Architects & Engineers, 2013; (Down) *Museum of Liverpool*, UK, designed by 3XN, 2011.

started to shift towards an ecological ideology soon dominated by technical solutions.[26] This technological turn was driven by highly structured principles in the search for eco-efficiency — creating more value with less environmental impact.[27] Since then, environmental design has become increasingly congruent with "eco-efficiency." At the turn of this century, this technological emphasis for eco-efficiency systematically developed throughout the 1980s and 1990s, started to reveal its limitations.[28]

When surveying the multidimensional literature of environmental architecture, questions of architectural integrity (formal, spatial, and experiential) are rarely understood as crucial.[29] Instead, the main research areas have been concentrated around questions of resource efficiency; performance optimization; transdisciplinary design; systems of industrial ecology; biological-inspired design; and socio-economic focus, among others. More recently, we have seen that this techno-centric focus for optimizing performance in environmental architecture has started to cause a drift — from designing high performance buildings to designing demonstrative devices that communicate the high performance of buildings,[30] often resulting in radical influences to the architecture's formal qualities. This undesirable counter effect is not always the case however, as is shown in the diverse formal and spatial qualities of these environmental architectures [Fig. 5, Fig. 6, Fig. 7].

If environmental architecture's concern is the protection of world resources and the ecological integrity of biological systems, then it is architecture that is the problematic situation, where the aim is to design and build architecture that can better control these resources. Architecture becomes the means towards these environmental goals.

It is unsurprising that environmental architecture has been highly criticized with respect to its integrity to the discipline, since, more often than is desired, it embraces the world conditions, while leaving its formal qualities largely to chance.

On the other hand, autonomous architecture responds to itself and its own interrogations, be they formal, social, political, or economical. Its concern is the independence of architecture, where the world is the problematic situation, and the aim is to "save architecture" from an increasingly disseminated field of authority — be it social, political or aesthetic. Architecture as form is the goal itself. As Tafuri declares,

"Once art (architecture) was materially inserted into the mechanisms of the universe of production, its own experimental character, its own character of co-reality, was necessarily compromised."[31]

Understandably, a constructed architecture, no matter how its formal qualities confront the capitalistic modes of production, still subsumes the logic of capitalism.[32] However, Coleman adds that even if the architecture remains only in the written form and never becomes built, it still remains within the purview of the dominant consumption and production modes since the drawings and writings are similarly produced and consumed. This powerful political Tafurian perspective seems to leave little place for an autonomous architecture[33] — let alone an autonomous environmental architecture. Conversely yet similarly, the techno-natural environmental enthusiasm by Banham appears to leave no place for an autonomous architecture either.[34] Can Aureli's analogy of the archipelago as the organizing principle for architectural autonomy in the city offer a way through the overarching green agenda today? If we consider Aureli's interpretation, where he separates out the economic condition from the political aims, his project is actually facilitated by it, since he is allowing the architecture to exist in such an economic environment. In this way, Aureli's argument inverts itself and actually advocates that which was originally opposed — neoliberalism. It represents a compromised position in the face of these powerful divided interpretations. This is not quite what Tafuri had in mind. For Tafuri,

"(…) to reduce architecture to an 'ambiguous object' within the total *Merz*, the contemporary city, signifies accepting completely the marginal and suprastructural role which the present capitalist use of land assigns to a purely ideological phenomenon like architecture."[35]

Furthermore, Tafuri concludes his reflection on design and capitalistic development with:

"Indeed, the crisis of modern architecture is not the result of 'tiredness' or 'dissipation.' It is rather a crisis of the ideological function of architecture. The 'fall' of modern art is the final testimony of bourgeois ambiguity, torn between 'positive' objectives and the pitiless self-exploration of its own objective commercialization."[36]

Indeed, Aureli's point of view remains moderately inside and largely outside the politics of Italian Autonomists — one could say a mediocre position. Coleman argues that Aureli's reading of autonomy is melancholic in that it recognizes the failures of the leftist ability to offer an alternative to the entrepreneurial spirit.[37] Does the project of autonomy by Aureli then not simply maintain the ongoing and mutable status quo?

Fig. 7 : Different levels of a 'green' influence on the formal expression of two environmental libraries: (Left) *Ballard Library*, Seattle, Washington, USA, Bohlin Cywinski Jackson, 2005; (Right) *Langara College Library*, Vancouver, Teeple Architects + Hancock Bruckner Eng. + Wright Architect, 2007.

Paradoxically both autonomy and environmentalism in architecture are deeply engaged with their external conditions. One is seeking independence of its external conditions, through opposition (autonomist), where the other is seeking interdependence and revolves around architecture's self-sufficiency and stewardship of its external conditions (environmentalist). A critic of the autonomy of architecture would support that architecture should comply to characteristics and operations of natural phenomena — even up until mimicking biological mechanisms/forms/structures and principles. On the other end, the autonomist view may not even consider a passive approach for the building, since the dependency on the context is far too influential in conceptualizing its form.

The project of autonomy can then be seen as opposed to an environmental architecture. While an autonomous environmental architecture, particularly within the pessimistic perspective of Tafuri, seems undoubtedly impossible, an Aurelian interpretation, although it may at first seem plausible, doesn't go far enough in either direction and therefore will not allow architecture and environment to be reciprocally respectful of their profound concerns. In many ways, it opposes both projects — autonomous and environmental architectures. Perhaps, Banham's reflection on architecture continues to remain a relevant alternative, not only for environmentalism, but to the survival of the architecture discipline itself. Banham claims that, if the sealed glass walls of air-conditioned towers today offer an alternative to the tyranny of the rules of organization, orientation and plan-form that must be applied to traditional structural solutions to achieve the well-tempered environment, it is because form seems to prevail over most other considerations, even today.[38] For him,

"The avidity with which Modernists, from Le Corbusier to the fantasists and visionaries of the nineteen-sixties, have stolen forms from other technologies—and hence to the inevitable disappointments when those forms proved neither to guarantee nor even indicate significant environmental and functional improvements over what the older structural technology afforded, because this was merely that older technology dressed up in borrowed clothes."[39]

The impossibility of an autonomous environmental architecture lies in this inseparable relationship between architecture's formal qualities and its environment.

Notes

[1] K. Michael Hays, *Oppositions Reader: Selected Readings from A Journal for Ideas and Criticism in Architecture 1973-1984*, New York City, Princeton Architectural Press, 1998, p.ix.

[2] Bourdieu, Pierre, *The Field of Cultural Production: Essays on Art and Literature*, New York, Columbia University Press, 1993.

[3] Lee, Sang (ed.), *Aesthetics of Sustainable Architecture*, Rotterdam, 010 Publishers, 2011.

[4] Kaufmann, Emil, *Von Ledoux Bis Le Corbusier, Ursprung und Entwicklung der Autonomen Architektur*, Vienna & Leipzig, Rolf Passer, 1933, https://thecharnelhouse.org/2013/08/31/walter-benjamin-reads-emil-kaufmann-from-ledoux-to-le-corbusier-1933

[5] Vidler, Anthony, *Histories of The Immediate Present Inventing Architectural Modernism, 1930-1975* (Thesis), Technische Universiteit Delft, 2005, 267 p.

[6] *Ibid*.

[7] McEwan, Cameron, "Notes on the Autonomy of Architecture", *Foundation for Architecture & Education (AE)*, 2013, http://aefoundation.co.uk/wp-content/uploads/2013/05/Notes-on-the-Autonomy-of-Architecture.pdf

[8] Manfredo Tafuri, *Architecture and Utopia: Design and Capitalist Development*, Cambridge & London, MIT Press, 1976, p. 180. https://modernistarchitecture.files.wordpress.com/2011/11/manfredo-tafuri-architecture-and-utopia-design-and-capitalist-development.pdf,

[9] Lahiji, Nadir Z., (ed.), *Can Architecture Be an Emancipatory Project? Dialogues on Architecture and the Left*, New York, Zero Books, 2016, https://books.google.ca/books?id=jgqQCwAAQBAJ&printsec=frontcover&source=gbs_ge_summary_r&cad=0#v=onepage&q&f=false; Banham, Reyner, *The Architecture of the Well-Tempered Environment*, Chicago, University of Chicago Press, 1984 [1969].

[10] Banham, Reyner, *Op. cit.*, p. 269.

[11] Coleman, Nathaniel, *Utopias and Architecture*, London & New York, Routledge, 2007, https://books.google.ca/books?id=HgGTAgAAQBAJ&printsec=frontcover&source=g

bs_ge_summary_r&cad=0#v=onepage&q&f=false

[12] Vidler, Anthony, *Histories of The Immediate Present Inventing Architectural Modernism, 1930-1975.*

[13] Aureli, Pier Vittorio, *The Possibility of an Absolute Architecture,* Cambridge, MA, MIT Press, 2011, https://www.academia.edu/4837551/T_H_E_P_O_S_S_I_B_I_L_I_T_Y_OF_A_N_A_B_S_O_L

[14] *Ibid.*, p. 43.

[15] *Ibid.*

[16] *Ibid.*, p. 42.

[17] *Ibid.*, p. 45.

[18] Mouffe, Chantal, *Agonistics: Thinking the World Politically*, London, Verso, 2013.

[19] Chambers, Samuel A., "Language and Politics: Agonistic Discourse in the West Wing", *CTheory*, 2001, a098a, http://ctheory.net/ctheory_wp/language-and-politics-agonistic-discourse-in-the-west-wing/

[20] Mouffe, Chantal, *The Democratic Paradox*, London, Verso, 2000, p. 102.

[21] Frampton, Kenneth, "Towards an Agonistic Architecture", *Domus*, No. 972, September 2013.

[22] *Ibid.*

[23] Stoppani, Teresa, Ponzo, Giorgio, & Themistokleous, George (eds.), *This Thing Called Theory*, London & New York, Routledge, 2017.

[24] Lahiji, Nadir Z., *Can Architecture Be an Emancipatory Project? Dialogues on Architecture and the Left.*

[25] Rapoport, Amos, "An Approach to the Study of Environmental Quality", *EDRA 1: Proceedings of the First International Conference of the Environmental Design Research Association. Chapel Hill, NC*, (eds. Sanoff, Henry, & Cohn, Sidney), Stroudsburg, PA, Dowden, Hutchinson & Ross, Inc., 1970 [1969], https://c.ymcdn.com/sites/edra.site-ym.com/resource/collection/01EE5570-8A84-4B82-92B4-D8066ABF9E15/EDRA01-Rapoport-1-13_0.pdf

[26] Naess, Arne, "The Shallow and the Deep, Long-Range Ecology Movement. A Summary", *Inquiry,* Vol. 16, no. 1, 1973, pp. 95-100, doi:10.1080/00201747308601682.

[27] Madge, Pauline, "Ecological Design: A New Critique", *Design Issues*, No. 13, 1997, pp. 44-54; Tischner, Ursula, et al., *How to Do EcoDesign? A Guide for Environmentally and Economically Sound Design*, Berlin, German Federal Environmental Agency, 2000; WBCSD, "Eco-Efficiency: Creating More Value with Less Impact", Geneva, World Business Council for Sustainable Development, 2000.

[28] Papanek, Victor, *Design for the Real World: Human Ecology and Social Change*, Chicago, Academy Chicago Publishers, 2000 [1985]; Orr, David, *The Nature of Design: Ecology, Culture, and Human Intention*, New York, Oxford University Press, 2002; Rossi, Mark, "Reaching the Limits of Quantitative Life Cycle Assessment", Clean Production Action, European Commission, 2004; Cucuzzella, Carmela, "Judging in a World of Expertise: When the Sum of the Parts Is LESS than the Whole", *Architecture Competitions and the Production of Culture, Quality and Knowledge: An International Inquiry*, Potential Architecture Books, 2015; Cucuzzella, Carmela, "Is Sustainability Reorienting the Visual Expression of Architecture?", *RACAR*, 2015, pp. 86-100; Cucuzzella, Carmela, "The Limits of Current Evaluation Methods in a Context of Sustainable Design: Prudence as a New Framework", *International Journal of Design Engineering*, No. 2, 2009, pp. 243-261.

[29] Cucuzzella, Carmela, "When The Narrative Of Environmental Certifications Replaces The Debate On Quality". in *Faire des histoires ? Du récit d'urbanisme à l'urbanisme fonctionnel : Faire la ville à l'heure de la société du spectacle,* (eds., Matthey, Laurent, Mager, Christophe, Gaillard, David, & Gallezot, Hélène), Geneva, Fondation Braillard Architectes, 2013, pp. 43-47 ; Lee, Sang, *Aesthetics of Sustainable Architecture*; Guy, Simon, & Farmer, Graham, "Contested Constructions: The Competing Logics of Green Buildings and Ethics", in *Ethics and the Built Environment* [ed. Fox, Warwick] London, Routledge, 2000, pp. 73-87.

[30] Liddel, Howard, *Eco-Minimalism: The Antidote to Eco-Bling*, London, RIBA Publishing, 2013; Cucuzzella, Carmela, "Is Sustainability Reorienting the Visual Expression of Architecture?"

[31] Tafuri, Manfredo, *Architecture and Utopia: Design and Capitalist Development*, p. 157.

[32] Coleman, Nathaniel, "The Myth of Autonomy", *International Society for the Phiosophy of Architecture,* Vol. 1, no. 2, 2015, pp. 157-178, http://isparchitecture.com/wp-content/uploads/2016/01/6099-11126-1-PB.pdf

[33] Tafuri, Manfredo, *Architecture and Utopia: Design and Capitalist Development*

[34] Banham, Reyner, *The Architecture of the Well-Tempered Environment.*

[35] Tafuri, Manfredo, *Architecture and Utopia: Design and Capitalist Development*, pp. 160-161.

[36] *Ibid.*, p.181.

[37] Coleman, Nathaniel, "The Myth of Autonomy".

[38] Banham, Reyner, *Op. cit.*

[39] *Ibid.*, p. 289.

« CLAUSTRA » : Analogie concrète de l'architecture

Jean-Pierre Chupin, Université de Montréal

> The core of my argument is to accept neither complete determination nor autonomy. There is, rather, an intersection between a relatively independent field such as architecture and the enabling and limiting conditions of society. There is some internal order to the field of architecture but its intersection with a particular society is a matter of historical inquiry, *not* logical demonstration.
> — Stanford Anderson (1987)[1]

CLAUSTRA, n.m., (pl. claustras). ARCHIT. Paroi à appareil ajouré qui clôture une baie, un espace[2].

CLAUSTRA. n.f., Appareil dont les assises sont constituées d'éléments non jointifs ou d'éléments évidés formant de petits jours réguliers. Claustra de tuiles creuses. La claustra est souvent employée comme remplage d'une baie : ne pas la confondre avec une transenne[3].

"CLAUSTRA": A Concrete Analogy in Architecture

A claustra is a closure having the characteristics of an opening. This is a great opportunity to ponder on the analogical potential of a term which might be recognized as a fundamental principle in architecture, a discipline endowed with a profession that, if we follow Stanford Anderson's reasoning, would be suffering from a quasi-illness: quasi-autonomy.

Reconnaître l'hétéronomie fondamentale de l'architecture ne nous empêche pas d'en revendiquer l'homogénéité disciplinaire : la « porosité » même pouvant être évaluée dans la qualité de son homogénéité.

Les appels à l'autonomie disciplinaire, typiques des années 1980, ont fait place aux innombrables appels à l'interdisciplinarité voire à la transdisciplinarité. Penser l'architecture de façon disciplinaire serait désormais considéré comme une forme d'enfermement (une claustration), une attitude de repli sur soi à l'ère des réseaux de toutes sortes, tandis que l'interdisciplinarité serait devenue la seule façon de penser les clôtures disciplinaires, la seule façon de sortir de l'enclos. Il se trouve pourtant un terme du vocabulaire architectural qui rend compte par essence de l'ineffable perméabilité de la clôture, jusque dans le flou grammatical de son genre en français : le (ou la) claustra.

Étrange raisonnement que celui qui refuse d'envisager les contours de l'architecture : discipline s'étant fait un devoir de démultiplier les variations de la limite. Il en devient d'autant plus tentant de chercher à penser les notions de seuil et de porosité à partir des objets architecturaux construits sur la délimitation. Éternellement gelée dans sa consonance latine, la claustra est un terme complexe qui sous-entend fortement un enfermement, dans un cloître par exemple, lors même que son principe technique repose sur de multiples petites ouvertures qui ventilent et permettent de voir sans être vu. Une claustra se présente comme une fermeture qui dispose des qualités d'une ouverture. Belle occasion de méditer les ressorts analogiques d'un terme qui pourrait être érigé en principe fondamental de l'architecture, discipline dotée d'une profession qui, à suivre le raisonnement de Stanford Anderson, serait affectée d'une quasi-maladie : la semi-autonomie.

Mise en abîme de la porosité

Ni translucide, ni à proprement parler transparent, le principe de la claustra défie le temps, comme les délimitations culturelles. On pense aux exemples de claustra dans l'architecture romaine, à leurs dérivés dans l'architecture arabe (moucharabiehs), mais que penser des jeux de claustra qui figurent dans la reconstitution d'un jardin chinois conservée au Metropolitan Museum of Art de New York. **[Fig. 1]** Depuis l'intérieur du jardin — lequel

Fig. 1 : Fenêtres intérieures en claustra dans le jardin chinois du *Metropolitan Museum of Art* (New York). Photo : Axel Lafortune-Chupin, 2017.

se présente comme un cloître, à proprement parler — de fausses fenêtres s'ouvrent sur de petits cabinets enclos contenant des bambous feuillus. Le paradoxe est ici superbement maintenu dans son essence : une ouverture ajourée sur un espace fermé. Ou, si l'on préfère, une porosité épaisse et sculptée. La mise en abîme de la porosité passant ici du feuillage à la pierre sculpturale jusqu'à la claustra puis, de la pierre ainsi sculptée, elle retourne au feuillage.

Plus encore qu'une analogie concrète de l'architecture, la claustra s'offre également comme une représentation du pouvoir de mise en relation de l'analogie : cet entre-deux de la pensée qui permet de mettre en relation des ressemblances sur fond de différences. L'architecture n'y échappe pas, qui s'offre à la recherche des ressemblances, même lorsqu'elle n'est pas le résultat d'une volonté de mimétisme. Les architectes les plus centrés sur l'autonomie de leur discipline affirmeront que l'architecture n'est plus un art mimétique, avant d'ajouter que l'architecture ne ressemble qu'à elle-même. Ressemblance donc, subtile ou grossière, mais de quel ordre, de quelle nature, de quelle variété ? Pour le philosophe Paul Grenet :
« Si analogie voulait simplement dire : méthode pour représenter l'inaccessible par substitution du familier, toutes sortes de figures ou de tropes seraient des analogies. Mais l'analogie implique deux éléments en sus de ce que nous venons de dire : premièrement, ressemblance, mêlée de différence ; secondement, structure proportionnelle, c'est-à-dire ressemblance de rapports et non simple rapport de ressemblance[4] ». Il n'est pas superflu d'insister sur ce dernier aspect. La ressemblance de rapports se comprend comme une mise en relation de deux relations signifiantes, non comme un simple principe de similarité. En outre, la nature de la ressemblance en jeu dans l'analogie ne relève pas seulement du langage, pas plus qu'elle ne se limite aux seuls aspects visuels, sachant, en architecture, qu'il faut de surcroît prendre en compte la dimension concrète et physique de l'espace.

En dépit et peut-être également du fait de ce pouvoir de mise en relation apparemment illimité, l'analogie reste cependant suspecte en architecture. Jamais suffisamment poétique pour être véritablement métaphorique, elle ne serait guère plus apte à produire de concepts forts et fiables. Plus étrange encore, la pensée analogique se voit tantôt accusée de mettre en péril l'identité disciplinaire par sa propension à faciliter les incursions transdisciplinaires tandis que, à l'exact opposé, il lui est souvent reproché de surexposer les données de la métaphorisation et du transfert. Dans un cas, l'analogie serait un accélérateur, dans l'autre elle serait un frein du fait même de son pouvoir d'explicitation.

Cette question a déjà une histoire en architecture. Certains historiens critiques de la modernité ont accusé la pensée analogique des pires dérives, tandis que d'autres, porte-parole autoproclamés de la postmodernité en architecture, ont appelé à toujours démultiplier les références métaphoriques. Dans cette courte réflexion, repartant des critiques que Peter Collins (1920-1981) adresse au manifeste de Charles Jencks (1977),

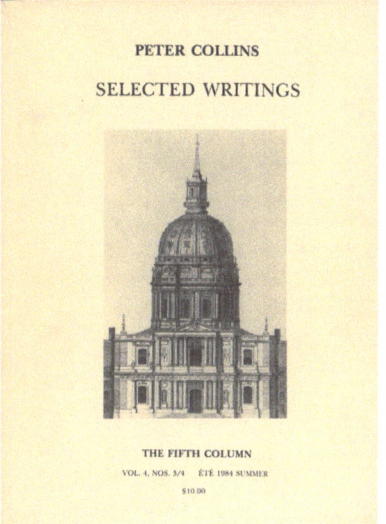

Fig. 2 : (Gauche) : couverture de la première édition du manifeste postmoderne de Charles Jencks (1977); (Droite) : couverture du numéro spécial de la revue *The Fifth Column* publiée par l'Université McGill en 1984 en hommage à Peter Collins.

je voudrais renvoyer dos à dos les deux protagonistes en illustrant leur instrumentalisation d'une définition simpliste de la pensée analogique. **[Fig. 2]** La place manque toutefois pour convoquer ces approches cognitives de l'analogie qui montrent, contrairement aux recommandations de Collins, que l'analogie ne peut être considérée comme une opération de mise en relation en vase clos ou encore, contrairement aux thèses prétendument sémiologiques de Jencks, que notre « perception métaphorique » de l'architecture ne se réduit pas à un jeu linguistique[5].

On sait que la théorie du jugement architectural de Peter Collins — théorie du jugement par précédents paradoxalement constituée « par analogie » avec les pratiques juridiques — ne sera formalisée qu'en 1971 dans *Architectural Judgement*, mais on peut désormais reconnaître, dès 1965, une certaine définition aporétique de l'analogie qui s'insinue dans les thèses de *Changing Ideals*. Sibyl Moholy-Nagy, dans sa recension critique de *Changing Ideals* en 1967[6], considère que pour mieux comprendre les prémisses des thèses de Collins, et plus encore son rejet de principe de l'analogie, il importe de le replacer dans une filiation directe avec l'ouvrage de Geoffrey Scott : *The Architecture of Humanism (A Study in the History of Taste)* publié en 1914. **[Fig. 3]** Le fait que le vocable analogies, en caractères italiques dans le texte original, soit systématiquement associé au qualificatif fallacieux, rapproche directement le texte de Collins du pamphlet anti-romantique de Scott, dont les « quatre erreurs » de l'architecture, « The Romantic Fallacy, The Mechanical Fallacy, The Ethical Fallacy, The Biological Fallacy », deviendront autant d'analogies chez Collins. Pour Scott, viscéralement opposé aux idées de Ruskin, dans le contexte positiviste du début du XXe siècle, l'architecture ne peut réaliser son identité disciplinaire, son art spécifique, qu'en s'abstenant d'emprunter des concepts à des disciplines ayant trop peu d'affinités « artistiques » avec elle. Scott associait d'ailleurs la floraison de théories modernes aux effets de la littérature sur l'architecture, dans une atmosphère intellectuelle embrouillée et déviante : « Des axiomes reconnus, dans des domaines autres que l'art, et qui, historiquement parlant, ont émergé de ces domaines, ont été par la suite étendus à l'architecture par l'intermédiaire d'analogies erronées ; et ces axiomes, objets de peu d'analyse, mais mutuellement incohérents, sèment le trouble à la source même de notre expérience[7] ».

En d'autres termes, la pensée analogique ne serait pertinente que si elle porte sur des champs disciplinaires proches de cet art qu'est l'architecture. Établissant une distinction entre les vraies et les fausses analogies, Scott considère paradoxalement que l'architecture ne doit importer que de la vraie ressemblance. Nous l'avons vu avec Grenet, cette réduction de l'analogie à la ressemblance reste problématique. Mais, du point de vue historique, notons au passage comment cette « architecture de l'humanisme » manifeste une inquiétude vis-à-vis d'une contamination entre diverses formes de connaissance : contrastant fortement avec l'encyclopédisme consommé d'un Diderot (dont Collins se réclame), avec l'ouverture scientifique d'un Claude Perrault au XVIIe et, plus encore, avec l'humanisme d'un Alberti au XVIe siècle.

Il n'est donc pas anodin que Collins se soit appuyé sur le positivisme de Scott pour étayer son système d'interprétation des idéaux modernes. Mais cette filiation révèle aussi une façon de transformer l'analogie en trait historique et en catégorie taxinomique. Le problème du classement des figures participe en effet d'une assimilation du procédé de l'analogie au seul principe de la ressemblance : simplification d'autant plus pernicieuse que le classement ne repose au fond que sur la base des domaines dits étrangers auxquels les analogies feraient référence. Ce faisant, le pouvoir même de transgression de l'analogie se trouve non seulement remis en question, mais anéanti. Ces apories le conduisent d'ailleurs à en conclure — à moins que ce ne fût une prémisse — qu'en dépit de la réussite heuristique des analogies dans le contexte de la recherche scientifique, elles ont généralement déçu et induit en erreur les historiens du XIXe siècle. D'où ce nouvel axiome : la seule façon de raisonner, qui soit appropriée et convaincante en architecture, consiste à se référer aux structures qui ont été réellement construites[8]. Le reste n'étant que vaine justification.

À le suivre, tout ne serait que répétition, ce qui témoigne en soi d'une pensée de la claustration. Il n'est d'ailleurs pas non plus anodin que Collins ait choisi, près de 15 ans plus tard, la

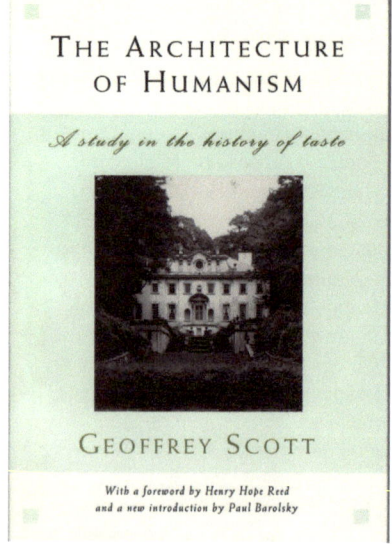

Fig. 3 : Réédition récente (1999) du pamphlet de Geoffrey Scott publié à l'origine en 1914.

Fig. 4 : Extrait de la page 40 de l'édition française de *Le langage de l'architecture post-moderne* de Charles Jencks (1979). La légende parle de « treillis en béton ». Voir également Fig. 7 pour l'étonnante parenté de l'exemple choisi par Jencks et critiqué par Collins avec la claustra du Musée des travaux publics construit par Auguste Perret en 1939.

notion de « claustra » comme antidote aux principes postmodernes. Il en fera le centre d'un argument visant à déconstruire cette propension à métaphoriser qui commençait à sévir sous la plume de Charles Jencks en 1977 dans *The Langage of Post-Modern Architecture*. La réaction de Collins n'attendra guère, puisqu'à peine deux années plus tard il en fait une cible de choix lors d'une conférence de clôture du congrès de l'ACSA à Santa Fe (1979). Le titre de son intervention — « L'analogie linguistique » — sonne immanquablement comme un chapitre de *Changing Ideals In Modern Architecture*. Il ne publiera pas cette conférence, mais la réédition proposée en 1984, dans un mémorable numéro du journal des étudiants de l'Université McGill, *Fifth Column* (Vol. 4, nos. 3-4)[9], donne une idée des illustrations qui firent partie de l'argumentation : à commencer par cette façade de stationnement étagé sur laquelle Jencks ne peut s'empêcher de projeter les « métaphores » les plus communes. **[Fig. 4]** Dans la version française de l'ouvrage de Jencks, l'image fait face au célèbre immeuble de Kisho Kurokawa, construit à Nagakin en 1972. Emboîtement de capsules interprété par Jencks comme un empilement de blocs de briques ou de pierres de sucre, voire, de « machines à laver ». Mais l'image qui fait réagir Collins a pour légende : « Le treillis de béton » et pour métaphore commune « la râpe à fromage ». **[Fig. 5]** Il est vrai que Jencks en fait un cas patent de sa théorie phénoménologico-sémiotique : « Les gens perçoivent inévitablement un édifice par rapport à un autre édifice — affirme-t-il — ou par rapport à un objet similaire, bref ils le perçoivent comme une métaphore ». Guère passionné par ce raisonnement cognitif, Collins, historien avant tout, cite plutôt le passage suivant : « Quand les treillis de béton préfabriqué ont été utilisés pour la première fois en façade à la fin des années cinquante, ils ont été perçus comme des "râpes à fromage", des "ruches", des "grilles à chaînons", alors que dix ans plus tard, quand ils devinrent la norme dans une certaine catégorie de bâtiments, ils furent perçus en termes fonctionnels : "on dirait un garage"[10] ».

S'ensuit une démonstration de Collins assez précise et érudite — quant aux références historiques — un peu vague cependant quant à sa critique des théories « structuralistes » : catégorie générale dans laquelle il classe toutes ces approches philosophiques françaises, incluant la sémiotique, sans pourtant ne jamais la nommer aussi explicitement que Jencks, et tout en citant Roland Barthes. Il reste que la linguistique intrigue les deux critiques : modèle d'une nouvelle pensée architecturale pour l'un, elle s'offre comme une source de l'errance théorique en architecture pour l'autre. L'argument de Collins est assez percutant : là où Jencks voit un banal instrument de cuisine, il devrait simplement voir une claustra.

Fig. 5 : Montage de quelques images retrouvées dans les archives de Peter Collins pour le recueil de textes posthume publié par *The Fifth Column* en 1984, p. 18.

Fig. 6 : Vignette présentée par Peter Collins illustrant la claustra de l'église Notre-Dame, Le Raincy par Auguste Perret, *The Fifth Column*, 1984, p. 20.

Ce serait effectivement une analogie au sens linguistique, c'est-à-dire une simple transformation d'un vocable architectural préexistant. Et si Collins ouvre les hostilités par une définition de l'analogie offerte par De Saussure dans son Cours de linguistique générale, c'est pour mieux donner le mot de la fin à son vieux maître :

« But it was precisely by this process of analogy that Auguste Perret's pre-cast concrete elements evolved in the 1920's. In his search for an appropriate fenestration system for his new church at Le Raincy, he eventually decided to constitute a screen or pre-cast components and to design each elements by analogy with the pierced marble panels used by the ancient Romans within the apertures of thermae halls. Indeed, he took specific care to denote these novel elements by the Latin name of their prototypes: claustra, since (unlike Le Corbusier and Gropius) he experienced no shame in acknowledging his debt to the dead forms of the past. »[11] **[Fig. 6]**

Le paragraphe suivant contient le coup fatal que Collins entend porter à son incursion dans la linguistique : « ... no analogies or metaphors, however scintillating in their wit, will stimulate the evolution of a genuine contemporary architecture if they derive only superficially, and without genuine cause, from theories of literary criticism ». L'argumentation n'a guère changé depuis 1965 et le célèbre chapitre de *Changing Ideals* sur l'analogie linguistique. Elle ne s'applique plus cette fois aux excès des modernes, elle fait la leçon aux excès des « post-modernes », à n'en pas douter déjà prévisibles (NB, il écrit en 1979).

Les deux critiques de la modernité se renvoient toutefois la balle de l'analogie, puisque là où Jencks entend démontrer que les architectes modernes ont contribué à leur propre disjonction du grand public par leur incapacité à injecter des métaphores, Collins considère que les post-modernes (et donc les modernes) doivent s'en tenir aux analogies disciplinaires et penser l'architecture par l'architecture. Le fossé théorique ne peut guère être plus ample entre les deux postures : l'une misant systématiquement sur l'autonomie disciplinaire, l'autre misant systématiquement sur l'hétéronomie. Nous sommes loin de la finesse d'esprit d'un Stanford Anderson.

Que penser de ces extrêmes à la lumière des théories contemporaines de l'analogie ? Du point de vue de la conception, et en raison de sa nature fondamentalement hétérogène, le projet d'architecture profite allègrement des ubiquités de l'analogie : la chose est avérée et s'observe aisément. Qu'en est-il dès lors de l'identité disciplinaire ? La revendication d'une autonomie, qui suppose l'existence d'un territoire de catégories (et de concepts) apte à se gouverner par ses propres lois, suppose-t-elle précisément de renoncer à la pensée analogique, ou pire de l'expurger de toute formulation théorique ? Cela ne ressemble-t-il pas aux heures les plus sombres de l'entreprise positiviste au tournant du XIXe siècle ? Si l'on convient, comme j'ai cherché à le montrer dans *Analogie et théorie en architecture* (Gollion, 2013), que la pensée architecturale est fondamentalement redevable d'un mode de raisonnement analogique – sinon proportionnel à tout le moins relationnel – jusque dans la conceptualisation théorique la plus centrée sur la discipline, on peut s'étonner qu'un courant de la théorie contemporaine continue d'invoquer l'autonomie d'une discipline aussi perméable que l'architecture, en dépit de l'échec regrettable — mais avéré — de l'hypothèse de la *Città Analoga* d'Aldo Rossi. On ne s'étonnera pas cependant que cela s'apparente au retour du refoulé puisque l'analogie réapparaît au tournant des raisonnements les plus antagonistes. Contrairement aux interprétations de Collins, l'analogie ne peut être considérée comme une opération de mise en relation en vase clos. Est-ce à dire que l'architecture ne peut subsister qu'en empruntant aux disciplines légitimes des sciences dures (pour penser la forme, l'espace, la matière et le temps) ou des sciences humaines et sociales (pour penser le reste du monde) ? L'enjeu est de taille, car si l'on considère que la théorie architecturale n'assume aucune cohérence au regard des sciences modernes en raison de sa dépendance aux frasques de l'analogie, cela revient à considérer que la théorie architecturale n'assume aucune spécificité disciplinaire. Si la théorie architecturale ne peut survivre que dans les zones grises de l'interdisciplinarité, on comprend mieux dès lors que pour les lecteurs poststructuralistes elle sera tantôt rhizomique ou pensée floue, tantôt « théorie molle » (ce qui est une forme d'allégeance aux sciences dures). Et pendant que l'on se refuse à reconnaître la vertu des niveaux de porosité de l'analogie en architecture, on use et on abuse de ces machines à commande numérique dont les découpages virevoltants des lasers et des bras robotisés s'abîment en autant de variations contemporaines de la paroi ajourée, mais ornementale, comme l'a bien montré Antoine Picon. **[Fig. 7]** Peter Collins, soucieux qu'il fût de renvoyer systématiquement toute invention moderne à l'œuvre de Perret, **[Fig. 8]** continuerait d'être déçu de l'incapacité des architectes à renvoyer au vocable architectural approprié : car il s'agit dans bien des cas de claustras. Le fait qu'elles soient conçues avec des langages numériques n'étant qu'une analogie de plus.

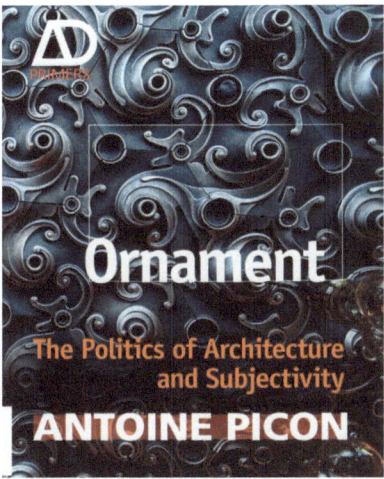

Fig. 7 : Couverture de l'essai d'Antoine Picon, *Ornament, The Politics of Architecture and Subjectivity*, London, John Wiley & Sons, 2013.

Fig. 8 : Photographie d'Aurèle Parisien de la claustra du musée des travaux publics conçue par Perret (1939) telle qu'elle apparaît dans la réédition de *Concrete. The Vision of a New Architecture* de Peter Collins (s.l.d. Réjean Legault, Montréal, McGill Queen's University Press, 2004, p. liii).

Notes

[1] Anderson, Stanford, « On Criticism », *Places,* Vol. 4, no. 1, 1987, p. 7.

[2] Larousse 2013.

[3] Pérouse de Montclos, Jean-Marie (sld.), *Architecture, méthode et vocabulaire*, Paris, Éditions du patrimoine (5e édition), 2004, p. 109.

[4] Grenet, Paul, *Les origines de l'analogie philosophique dans les Dialogues de Platon,* Paris, Boivin & Cie, 1948, p. 247. Pour une revue des principales définitions de l'analogie voir : Chupin, Jean-Pierre, « Introduction », *Analogie et théorie en architecture (De la vie, de la ville et de la conception, même)*, Genève, Gollion, Infolio (Collection Projet & Théorie), 2013.

[5] Nous avons proposé une revue des approches contemporaines de l'analogie incluant les définitions cognitivistes dans *Analogie et théorie en architecture.*

[6] Moholy-Nagy, Sybil, « Peter Collins, Changing Ideals in Modern Architecture 1750-1950 », *Journal of the Society of Architectural Historians*, Vol. 26, no. 4, December 1967, pp. 316-318. Voir aussi Girard, Christian, *Architecture et concepts nomades : Traité d'indiscipline* (Architecture + Recherches, Vol. 26), Paris, Mardaga, 1986, pp. 26-27 ou encore, plus récemment, Martin, Louis, «Analogie ou modèle ? Architecture et langage dans l'œuvre de Peter Collins », in *Peter Collins et l'histoire critique de l'architecture moderne,* (ed. Latek, Irena), Montréal, Institut de Recherche en Histoire de l'Architecture, 2002, p.47.

[7] Scott, Geoffrey, *Architecture of Humanism: A Study in the History of Ta*ste, London, Methuen, 1914. Voir la citation originale: « Thus the simplest estimates of architecture are formed through a distorting atmosphere of unclear thought. Axioms, holding true in provinces other than that of art, and arising historically in these, have successively been extended by a series of false analogies into the province of architecture; and these axioms, unanalyzed and mutually inconsistent, confuse our actual experience at the source » (p. 23). Nous traduisons. Voir également l'analyse que donne Christian Girard de ce même passage dans son premier chapitre sur « la demande théorique » (Girard, Christian, *Op. cit.*)

[8] Collins, Peter, *Changing Ideals in Modern Architecture (1750–1950)*, Montréal, McGill Queen's, 1998 [1965], p. 182.

[9] « Peter Collins: Selected Writings », *The Fifth Column*, Vol. 4, nos. 3-4, Summer 1984.

[10] Jencks, Charles, *The Langage of Post-Modern Architecture,* Londres, Academy Editions, 1977. Nous renvoyons ici à la traduction française : *Le langage de l'architecture post-moderne*, Londres, Academy Editions/Denoël, p. 40 ; « Peter Collins: Selected Writings », p. 20.

[11] « Peter Collins: Selected Writings », p. 21.

The Paradoxes of Quasi-Autonomy in Architecture

David Theodore, McGill University

> It was not as if the jasmine ever returned.
> But we and the diamond globe at last were one.
> We had always been partly one. It was as we came
> To see him, that we were wholly one, as we heard
> Him chanting for those buried in their blood,
> In the jasmine haunted forests, that we knew
> The glass man, without external reference.
> — Wallace Stevens (1940)[1]

Les paradoxes de la quasi-autonomie en architecture

Nous disons qu'il existe une chose nommée autonomie en architecture, afin de pouvoir mieux démontrer la dépendance de l'architecture envers les autres domaines. Nous démontrons la dépendance de l'architecture envers les autres domaines afin de faire comprendre qu'une partie importante de l'architecture est dépendante de ces domaines. Anderson invente la semi-autonomie — l'indépendance relative — comme une façon d'entrer dans la boucle. Pourquoi Anderson croit-il que penser en boucle est une bonne chose

We are concerned about Stanford Anderson's notion of quasi-autonomy.[2] Anderson proffered this influential way of thinking a half-century ago. Is the notion of quasi-autonomy helpful for us today? Perhaps. But I think it might merely be a paradox or an ideological formation. The notion, ostensibly, is about architectures and their contexts. Do new architectures arise through procreation, or are they assembled from outside forces? Although Anderson doesn't name the dialectic, the idea is that form and context, autonomy and non-autonomy, are two poles of an historical process that remains necessarily open and productive: thesis, antithesis, synthesis, new pole of a thesis and onwards.

The approach I take arose from a question: are we constrained to start thinking about autonomy in architecture from the tautology that autonomy either does or does not exist? For if we start our thinking about architecture from a diagram of internal forces (autonomy) arrayed against external conditions (non-autonomy), what happens next? Justifications loop around. Once you question the framing of autonomy, quasi-autonomy starts to look like an ideological position that retroactively validates autonomy. We *say* there is such a thing as autonomy in architecture so that we can more clearly show architecture's dependence on other domains. We *show* architecture's dependence on other domains to make it clear that a significant part of architecture is independent of those domains. Anderson comes up with quasi-autonomy—relative independence—as a place to jump into the loop. Why does Anderson think a loop is a good thing to think with?

I take such thinking to engender a paradox. Like the Liar's paradox. The Liar says, "This sentence is false." If it's false then it is actually true, and if true then it is false. Another well-known example is the grandfather paradox. You travel back in time and kill your grandfather before he conceives your father, which means you weren't born and, therefore, you couldn't go back in time and kill your grandfather. More specifically, quasi-autonomy is a paradox of opposites. It's the so-called paradox of Plato's Beard."This is the old Platonic riddle of nonbeing. Nonbeing must in some sense be, otherwise what is it that there is not?"[3] Quasi-autonomy has this basic form of a paradox. So what is going on? How should we resolve the paradox?

One way out of the autonomy paradox, I argue, is to change towards a different framework, that is, for scholars to work in ways that avoid dealing with autonomy at all. For instance, we might give up our focus on the biography of the architect and replace it with a deeper understanding of the sociological structures of architectural practice, reception, and criticism. I think this approach is important for LEAP to think about because of the *Catalogue des Concours Canadiens*. That is, we might promote the CCC, and our new research program looking at award programs in Canada, as doing exactly that: cutting away from talk of intentions and objects, buildings and contexts — and away from the architect's career as the timescale of architecture—to look at broader systems and structures. So, it seems to me, we at L.E.A.P. can profit from reflection on quasi-autonomy.

My position roughly aligns with the argument Andrew Goldstone makes in his 2013 book *Fictions of Autonomy*.[4] His book is about capital M Modernism in literature. The subtitle is "Modernism from Wilde to de Man", so he points to ideas current roughly from the excesses of art for art's sake of the late nineteenth century, to the excesses of deconstruction in the late twentieth century. Goldstone agrees with traditional scholarship that autonomy debates are central to capital M Modernism. But in his terms, this autonomy is a fiction. It is a constructed *representation* of an independence from social circumstances that in fact *performs* dependence.

Goldstone draws on and cross-questions ideas from the poetry of American poet Wallace Stevens. Stevens was fascinated by the way that something made up could have ethical and intellectual force, even as we acknowledge it as fiction. Stevens wrote: "The final belief is to believe in a fiction, which you know to be a fiction, there being nothing else. The exquisite truth is to know that it is a fiction and that you believe in it willingly."[5] His poems argue this position. "Asides on the Oboe" (I used a quotation from this poem as an epigraph) begins: "The prologues are over. It is a question now,
Of final belief. So, say that final belief Must be in a fiction. It is time
to choose."

A fiction of autonomy, then, is not a declaration or demonstration of autonomy, but rather a mediation between art works and social and political activities. A fiction of autonomy is a mode of relating external causation to the internal order of the field. Goldstone thinks that declaring autonomy is the *strategy* used by modernists to link aesthetic and formal claims to specific social and political formations. Let me put this directly in his words. Goldstone writes that:

"in modernism, autonomy is a mode of relating literature to its social circumstances. It is a family of practices that claim partial autonomy for the literary field by representing that field's dependencies on other fields."[6]

Such an idea about autonomy parallels Stanford Anderson's ideas about internal and external history. All we need do is replace "literature" and "literary" with architecture and architectural:

"in modernism, autonomy is a mode of relating architecture to its social circumstances. It is a family of practices that claim partial autonomy for the architectural field by representing that field's dependencies on other fields."

Indeed, I can make a stronger claim: Anderson's notion of quasi-autonomy and his distinction between profession and discipline *just is* a "fiction of autonomy", a representation or narrative of how we might link formal (and theoretical and aesthetic) claims to "historians, builders, engineers, preservationists, and lay people".[7] Anderson's claim that a history of the discipline exists outside of "conventional chronological flow", rather than being a theoretical insight, *just is* a device borrowed from and repeating a modernist move.

Here I turn to the work of sociologist Philippe Corcuff.[8] I'm not plumbing the depths of his thinking here, so it's just an acknowledgement of the inspiration for this approach. He has some interesting things to say about the kind of logic Anderson uses to produce the concept of quasi-autonomy. Corcuff worries about Marxism and the way that dialectic arguments, which are supposed to be productive, become inert, and turn out to be unsolvable paradoxes. Of course I'm using a terminology where dialectic denotes a productive contradiction, where paradox denotes an empty one. (We don't need to get dialectic "right" to understand this point and how it relates to autonomy in architecture. It is enough that the issues are familiar.) So the contradiction of autonomy and anti-autonomy is a productive dialectic if it results in a more sophisticated understanding of the position, and it is simply a paradox if it results in a tautology.

So what are some of the entities ascribed to or characteristic of autonomy and non-autonomy? I want to look at five issues Anderson' lists in 1987:

i) Inner logic versus social conditions
ii) Internal history versus economic and political forces
iii) Disciplinary knowledge versus professional work
iv) Disordered temporality versus evolutionary flow
v) Periodic extension of the logic of the discipline versus narrative history

So we *could* say, with Anderson, that in architecture we encounter internal formalisms outside of time that continually and reciprocally encounter external contexts in a productive and ongoing manner. But all of these categories also turn out to be simple tautologies. Inner logic turns out to be formed by social actors; internal history has an economics and politics of its own; disciplinary work turns out to be a set that includes professionals. In short we can give a narrative of the discipline of the periodic extensions of the internal logic. So we *should* say that the autonomy debate is a non-starter.

Taken together, Anderson's proposal is properly speaking an ideological formation. In sum, pressing on the idea of an internal history of architecture that extends the logic of the discipline but outside of historical time — a "disordered temporality" — a fiction that attempts to preserve architecture's relations to social practice. That is to say, it is an attempt to legitimize the very idea of a discipline non-dependent on social conditions. It is an attempt to construct a place (and I use that word advisedly) for architecture within the social conditions that it sets up to one side. This fiction that Anderson proposes should nevertheless guide or even compel our actions.

So here we must do, I think, what Goldstone says we should do with capital M Modernism's idea of autonomy in general. Let me quote him:

"we should take modernists' claims to aesthetic, formal, or literary independence and distinction at face value. But we should see those commitments as socially specific, as tactics for developing literary institutions that self-consciously work on the worlds writers and their writings are part of."

And, if we once again substitute architect for writer, we get, appropriately:
"we should take modernists' claims to aesthetic, formal, or architectural independence and distinction at face value. But we should see those commitments as socially specific, as tactics for developing architectural institutions that self-consciously work on the worlds [architects] and their architectures are part of."

Let me return briefly to the question of how paradoxes get resolved. Consider the thought experiment attributed to Zeno of Elea (5th c. B.C.E.) and known as the paradox of Achilles and the tortoise[9]:

Achilles is in a race with a tortoise. The tortoise has a head start. Achilles runs fast and tries to overtake the tortoise. But since the tortoise had a head start, Achilles must first reach the spot where the tortoise started. (Remember: the tortoise had a head start.) However during the time it takes Achilles to reach the spot where the tortoise started, the tortoise will have moved on. Each time Achilles reaches the position the tortoise was in, the tortoise will have moved on. Achilles may close the gap, but he will never catch up to the tortoise. Therefore, the tortoise wins the race.

There's plenty wrong with this argument. On the other hand, saying *precisely* what is wrong with it is very difficult. And so with Anderson's argument. How do we get overcome these paradoxes?

My proposal for dealing with the paradox of quasi-autonomy follows in suggesting that we investigate architecture (discipline or profession) as a matter of shifting sociological allegiances rather than by defining a fictional internal logic. I want to move away from the idea of architecture as a set of formal practices, related to individual agents (i.e. architects) and inscribed in history, and instead to focus on the sets of historical conditions in which both buildings and architects operate simultaneously. The task is to specify the self-conscious commitments of all architects, and to carry out prosopographical analysis of entire sociological groups and collections of buildings. As I say, I think that is one interesting way for us at L.E.A.P. to think about the projects we are doing together.

We will still have to pay attention to the way architecture is produced and the so-called discipline reproduced. In the field of architecture, however, architects are marginal players. We focus on them because we find them interesting (sometimes). But if we want to know why our cities are filled with the buildings they are, architects and clients hardly matter. If we want to know why architectural bookstores are filled with the books they are, we have not to look at the quality of the books or the writers, but the tools and procedures of the book publishing industry.

We may not want to. We may prefer to deal with the geniuses — theoreticians, historians, architects, educators, artists — but we shouldn't confuse ourselves with paradoxes and tautologies before we even get started. For perhaps in architecture, after all, the dialectics of form and context (internal and external) are not based on productive contradictions but rather on nonsensical paradoxes.

Let's give Stevens the last word:

"Two things of opposite natures seem to depend
On one another, as a man depends
On a woman, day on night, the imagined
On the real. This is the origin of change.
Winter and spring, cold copulars, embrace
And forth the particulars of rapture come
Music falls on the silence like a sense,
A passion that we feel, not understand.
The partaker partakes of that which changes him.
In solitude the trumpets of solitude

Are not of another solitude resounding;
A little string speaks for a crowd of voices.
The partaker partakes of that which changes him.
The child that touches takes character from the thing,
The body, it touches. The captain and his men
Are one and the sailor and the sea are one."[10]

Notes

[1] Stevens, Wallace, "Asides on the Oboe", *Collected Poems of Wallace Stevens*, New York, Alfred Knopf, 1981, p. 251.

[2] Anderson, Stanford, "On Criticism", *Places*, Vol. 4, no. 1, 1987, pp. 7-8.

[3] Quine, William, "On What There Is", *Review of Metaphysics*, Vol. 2, no. 5, September 1948, pp. 21-38. Quine continues: "This tangled doctrine might be nicknamed Plato's beard; historically it has proved tough, frequently dulling the edge of Occam's Razor" (p. 21).

[4] Goldstone, Andrew, *Fictions of Autonomy: Modernism from Wilde to de Man,* Oxford, Oxford University Press, 2013.

[5] Stevens, Wallace, *Opus Posthumous*, New York, Alfred A. Knopf, 1957, p. 163.

[6] Goldstone, Andrew, "Remarks to the Comparative Modernisms Workshop at Northwestern", https://andrewgoldstone.com/blog/2013/01/15/nu-remarks/

[7] Anderson, Stanford, *Op. cit.*

[8] Corcuff, Philippe, *Où est passée la critique sociale? Penser le global au croisement des savoirs*, Paris, La Découverte, 2012.

[9] We only know of Zeno's paradoxes in paraphrase; see Fairbanks, Arthur (ed. and trans.), "Zeno of Elea", *The First Philosophers of Greece,* London, K. Paul, Trench, Trubner, 1898, pp. 112-119; see also "Zeno's Paradoxes", https://plato.stanford.edu/entries/paradox-zeno/

[10] Stevens, Wallace, "Notes Towards a Supreme Fiction", *Collected Poems*, p. 392.

(Autonomie/hétéronomie) :
Association binaire ou phénomène jumeau ?

Tiphaine Abenia, Université de Montréal

> If we consider the entity (autonomy/heteronomy) as a twin phenomenon, to oppose the two notions like disconnected and binary polarities seems senseless. This would even lead, following Aldo Van Eyck, to the formulation of "false alternatives". Admitting this conflictual coexistence, does our frames of description and representation permits us to seize its twin nature? We are interested, in the following paragraphs, by the modes of arrangement and description employed in architecture.

Selon Anderson[1], **l'autonomie repose sur une histoire interne, elle relève d'une logique et de règles intrinsèques à l'architecture.** À l'inverse, l'hétéronomie nous parle d'une architecture déterminée par des forces externes (politiques, sociales ou encore économiques). Pour l'historien en architecture, ces jalons font figure d'extrêmes et ne permettent pas de décrire, seuls, le champ de l'architecture. Il introduit donc, outre la distinction entre profession et discipline, le concept de semi-autonomie.

Coexistence conflictuelle

Dépassant la recherche d'un « juste-milieu » entre hétéronomie et autonomie, les conférenciers de la troisième session du séminaire du L.E.A.P. ont soulevé la nature paradoxale des termes du débat. Situer l'architecture entre hétéronomie et autonomie laisse supposer que chacun de ces jalons possède, séparément, un sens en architecture. Or, la production architecturale n'est jamais entièrement détachée de son contexte, elle ne peut pas non plus se soustraire à toute expressivité formelle. Cucuzzella se réfère ainsi à la notion d'agonisme pour qualifier l'affrontement contemporain observé entre architecture et forces de la ville contemporaine. Cette confrontation ne vise pas le consensus et maintient un écart critique entre les notions d'autonomie et d'hétéronomie, tout en assurant leur expression simultanée. Quant à Chupin, il a montré, en s'appuyant le cas du claustra, que la vivacité de l'hétéronomie théorique de l'architecture est aussi fonction de son homogénéité disciplinaire. Enfin, la présentation de Théodore a questionné l'existence même d'un débat en soulignant la nature tautologique du schéma d'Anderson. Les trois conférenciers ont ainsi montré que le champ de l'architecture ménage les conditions d'une complémentarité conflictuelle entre autonomie et hétéronomie. L'objet du débat réside alors dans les modalités d'une coexistence conflictuelle de ces deux notions.

Phénomènes jumeaux

Au début des années 1960, l'architecte hollandais Aldo Van Eyck théorise la complémentarité de notions contradictoires sous le terme de « phénomène jumeau[2] ». Au lieu de considérer les termes d'une opposition de façon alternative, il invite à les considérer dans leur complémentarité : « Tous les phénomènes jumeaux devraient être entrelacés inextricablement. Se concentrer sur l'un des termes, en supposant l'entité divisée en pôles conflictuels, vient malgré tout impacter l'ensemble. Une fois le phénomène divisé, chaque moitié est sur un piédestal et perd absolument toute signification. On ne peut pas considérer un phénomène jumeau sans en embrasser les deux pendants[3] ». Si l'on considère l'entité (autonomie/hétéronomie) comme un phénomène jumeau[4], venir opposer les deux notions comme des polarités binaires et déconnectées apparaît alors comme étant dénué de sens. Cela conduirait même, selon Aldo Van Eyck, à la formulation de « fausses alternatives[5] ». Admettant cette coexistence conflictuelle, nos cadres de description et de représentation de l'architecture permettent-ils d'en saisir la nature gémellaire ? Nous nous intéresserons, dans les prochains paragraphes, aux modes d'agencement et de classement employés en architecture.

Pôles intentionnels

Le regard, par nature partiel et partial, est une construction animée par des « pôles intentionnels[6] ». Les intentions qui animent les opérations de sélection isolent, parmi l'ensemble des attributs présentés par une architecture donnée, ceux répondant avec la plus grande justesse au premier pôle intentionnel. Une architecture peut ainsi faire l'objet « d'autant de classements différents que l'on peut y discerner d'attributs[7] ». Deux modes d'organisation employés en architecture se distinguent néanmoins : la classification — ou taxinomie — et la catégorisation. Souvent considérés comme équivalents, ces deux cadres de représentation peuvent néanmoins être distingués en s'appuyant sur le schéma d'Anderson.

Classification

La classification propose une mise en comparaison entre constructions en s'appuyant sur des attributs rationnels. Elle privilégie les propriétés physiques et stables des objets étudiés. L'analyse comparative est construite à partir d'un plan unique de référence. En architecture, la classification s'est naturellement attachée à comparer les architectures en fonction de leurs attributs formels ou fonctionnels. L'exemple le plus célèbre est donné par Durand au début du XIXe siècle[8]. La comparaison qu'il construit entre édifices s'appuie alors sur le nombre, la grandeur et la forme des parties les constituant. La mécanique de composition qui en découle possède, selon Alberto Pérez-Gomez, ses propres références : « une théorie de l'architecture postulée pour la première fois comme autonome, indépendante, spécialisée et composée exclusivement de vérités évidentes à la logique mathématique[9] ». Or, si en apparence la classification de Durand est uniquement régie par des règles internes, l'architecte introduit également des préoccupations économiques, signe d'une porosité de la classification architecturale à des forces externes.

Catégorisation

La catégorisation introduit, quant à elle, une multiplicité de plans de référence. Elle considère à la fois des attributs physiques et des attributs symboliques ou sensibles. Elle reconnaît le rôle joué par l'interprétation dans l'établissement des catégories. Plus instable que la classification, la catégorisation agence le monde en liant les objets étudiés à leur contexte de déploiement. Le caractère évolutif de ce contexte se répercute sur les catégories générées, lesquelles perdent en exclusivité et peuvent présenter des chevauchements variables dans le temps. Enfin, l'emploi de la métaphore comme forme de connaissance à part entière[10] est intégré à la représentation catégorielle. À la manière d'une émergence créative, la métaphore permet un enrichissement sémantique et « vient pallier l'absence d'une classe conceptuelle susceptible de catégoriser l'expérience[11] ». La catégorisation assume ainsi l'hétéronomie pour construire ses représentations. Or, ce déploiement métaphorique s'ancre préalablement dans l'observation de caractères inhérents à l'architecture comme c'est le cas chez Oswald Mathias Ungers qui appuie ses constructions analogiques sur des critères formels observables : « the physical reality is understood and conceptualized as an analogy to our imagination of that reality, (…) we pursue a morphological design concept, turning it into phenomena which can be expanded or condensed[12] ». Ainsi, si la catégorisation montre une tendance à l'hétéronomie, elle ne s'affranchit pas entièrement des règles formelles attachées à l'architecture.

Dans cette brève réflexion, nous avons vu que la coexistence conflictuelle entre autonomie et hétéronomie faisait écho à la notion de « phénomène jumeau » d'Aldo Van Eyck. L'entrelacement entre les deux termes de l'entité a alors été mis à l'épreuve des modes de classement employés en architecture : la classification et la catégorisation. Si, de prime abord, la classification se place du côté de l'autonomie et la catégorisation du côté de l'hétéronomie, ces affectations exclusives ne résistent pas à l'analyse détaillée d'un emploi en architecture. Bien qu'animés par des pôles intentionnels, les modes de classement en architecture ne peuvent pas être cantonnés à ces deux extrêmes. Ainsi, ces représentations se font le miroir de la réalité architecturale en accueillant, dans l'épaisseur de leurs descriptions, la complémentarité du phénomène jumeau (autonomie/hétéronomie).

Notes

[1] Anderson, Stanford, « On Criticism », *Places*, Vol. 4, no. 1, 1987, pp. 7–8.

[2] Avant 1962, Van Eyck employait l'expression *Dual phenomena*, il se référera ensuite à celle de *Twin phenomena*, pour éviter toute confusion avec l'idée de dualisme.

[3] Van Eyck, Aldo, *Writings. The Child, the City and the Artist*, (Vol. 1, s.l.d. Ligtelijn, Vincent, & Strauven, Francis), Amsterdam, SUN, 2008 (1962), p. 70. Traduction de l'auteur.

[4] Notons que Anderson enseigna au MIT, à partir de 1963, où la pensée de Van Eyck (et plus tard, celle d'Hertzberger) a exercé une profonde influence des années 1960 jusqu'aux années 1990.

[5] *Ibid.*, p. 70

[6] Christian Norberg-Schulz, reprenant la notion de « pôles intentionnels » développée par Brunswik en 1934, avance que la perception d'un objet mobilise plusieurs possibilités intentionnelles. Le pôle auquel nous attachons le plus d'importance est alors doté d'une intensité supérieure. Norberg-Schulz, Christian, *Système logique de l'architecture*, Bruxelles, Dessart et Mardaga, 1974, p. 38.

[7] Goodman, Nelson, *Langages de l'art. Une approche de la théorie des symboles,* Paris, Pluriel, 2011, p. 57.

[8] Durand, Jacques-Nicolas-Louis, *Précis des Leçons d'Architecture* (2 vol.), Paris, 1819 ; Durand, Jacques-Nicolas-Louis, *Recueil et Parallèle des Édifices de Tout Genre, Anciens et Modernes*, Paris, 1801.

[9] Pérez-Gomez, Alberto, L'architecture et la crise de la science moderne (trad. J.P. Chupin), Bruxelles, Pierre Mardaga, 1987 (1983), p. 303.

[10] Ricœur, Paul, *La Métaphore vive*, Paris, Seuil, 1975.

[11] Legallois, Dominique, « L'approche cognitive de la catégorisation par métaphore : Illustration et critique à partir d'un exemple d'E. Zola », Pratiques, Nos.165-166, 2015.

[12] Ungers, Oswald Mathias, *Morphologie – City Metaphors*, Cologne, Verlag der Buchhandlung Walther König, 2017 [1982], p. 9.

LA QUÊTE D'AUTONOMIES ALTERNATIVES

THE QUEST
FOR ALTERNATIVE AUTONOMIES

Mode artisanal et autonomie de la création architecturale : L'œuvre de Brigitte Shim et Howard Sutcliffe

Georges Adamczyk, Université de Montréal

> Parce qu'en fait l'architecture est à la fois autonome et déterminée par son utilité, elle ne peut nier les gens comme ils sont. Et cependant c'est ce qu'elle doit précisément faire si elle doit demeurer autonome.
> — Theodor Adorno (1965)[1]

> Est-ce que l'architecte est simplement la victime des circonstances ? Et doit-il l'être ?
> — Colin Rowe (1972)[2]

Artisanal Modes and Architectural Creation Autonomy: The Work of Brigitte Shim and Howard Sutcliffe

We can see in this type of practice, a kind of individual, disciplinary resistance to the professional world of daily production, which is characterized by contractual, bureaucratic conditions and by the reduction of design activity to the notion of service oriented toward the product at the expense of the realisation of an artwork. Opposed to this bureaucratic production is a more artisanal type of contractual relationship based in a tradition of hand manufacturing and an approach to fabrication based on the sensual quality of materials.

L'autonomie de l'architecture entre discipline et profession

La professionnalisation de l'architecture tend à reporter vers le milieu académique, gardien de l'historicité de la discipline, la discussion théorique sur l'autonomie de l'architecture. Cette autonomie virtuelle ou réelle, totale ou relative, n'est pas seulement limitée au discours théorique et critique dans les cours, les séminaires et les recherches menées dans les écoles et les universités. Elle se manifeste aussi au sein des ateliers d'apprentissage de la conception où elle croise des questions pratiques et concrètes qui tendent à la soumettre au déterminisme des conditions sociales et économiques. Les attitudes idéalistes, critiques, pragmatiques, alternatives, utopiques, projectives et autres sont trop souvent contraintes à l'adoption d'une conduite normative ; conduite, il faut le rappeler, qui est fortement encouragée par les exigences et les conditions, toujours plus prescriptives, d'accès à la profession.

Dans le cadre de la profession, en tension avec les pressions de la commande et les conditions administratives, il est cependant possible d'identifier des pratiques critiques fondées sur l'écart à la norme, sur l'expérimentation et la réflexion. Comme Stanford Anderson (1934-2016) l'écrit en 1987 : « Il y a des œuvres individuelles qui méritent d'être considérées dans leur autonomie relative et pour leur contribution significative aux idées plus abstraites de la discipline de l'architecture[3] ». Il n'est pas rare de constater que les architectes qui se distinguent par ce genre de créations voient très souvent leurs réalisations incorporées dans les enseignements contemporains de l'architecture. Ils sont en quelque sorte des marqueurs de tendance. Très vite, on pense aux architectes célèbres qui appartiennent aux membres du petit groupe international très sélect qui composent l'offre restreinte d'une architecture signée, dans le champ de l'économie des singularités, telle que la définit Lucien Karpik[4]. Les conditions de l'expérimentation et de son étendue et, partant, de son autonomie relative, se trouvent incorporées dans ce type de commande qui vise à l'originalité, à l'exclusivité et à la distinction esthétique. Mais, bien souvent, même ces commandes exceptionnelles impliquent une forme de bureaucratie élevée de la production architecturale, imposée par leurs origines étatiques, corporatives, commerciales ou spéculatives, dont les effets déterminants sont facilement repérables dans les réalisations.

Quelques architectes, par conviction, choisissent un mode plus artisanal de la

Five North American Architects
An Anthology by Kenneth Frampton

Stanley Saitowitz
Brigitte Shim +
Howard Sutcliffe
Rick Joy
John + Patricia Patkau
Steven Holl

Columbia University GSAPP
Lars Müller Publishers

Fig. 1 : Couverture de l'ouvrage de Kenneth Frampton, *Five North American Architects*, New York, Columbia University GSAPP/Lars Müller Publishers, 2012.

production architecturale, plus proche de la création artistique que de la prestation professionnelle de services. Cette distinction entre administration artisanale et administration bureaucratique est utile pour aborder la question de l'autonomie des créateurs en arts et en architecture. Citons Pierre-Michel Menger qui écrit :

« L'organisation des marchés artistiques selon les stratégies décrites de gestion des incertitudes est facilitée, sinon conditionnée par la forme que prennent les liens juridiques et professionnels entre les firmes ou les entrepreneurs et les artistes. Ce qu'Artur Stinchombe a décrit comme le mode artisanal (« *Craft* ») d'administration de la production, en l'opposant à l'administration bureaucratique, peut-être appliquée au marché du travail artistique. Les relations entre employeurs et artistes (auteurs, peintres, musiciens, comédiens) prennent généralement la forme de contrats temporaires et laissent aux artistes une autonomie variable, mais assez grande pour n'être qu'exceptionnellement limitée par un strict contrôle bureaucratique de l'exercice des tâches et du respect des engagements pris[5] ».

L'artisanat comme démarche critique et créative : La pratique de Shim-Sutcliffe

Dans son anthologie de 2012, *Five North American Architects*, Kenneth Frampton **[Fig.1]** présente les réalisations de Rick Joy, Steven Holl et Stanley Saitowitz, trois firmes d'architectes des États-Unis ainsi que les réalisations de John et Patricia Patkau et de Brigitte Shim avec Howard Sutcliffe, deux firmes d'architectes du Canada[6]. Le choix de ces cinq firmes d'architectes, dont Kenneth Frampton prend la précaution d'écrire que ce nombre pourrait aisément être augmenté, « a été largement déterminé par la présence de certaines valeurs tectoniques et dans le même temps par une préoccupation pour la poétique des matériaux…[7] » Il ajoute plus loin :

« Finalement, la présence d'un travail artisanal et celle qui lui est associée, les variations de l'articulation de la lumière naturelle, sont deux aspects qui sont présents à divers degrés dans chacune de ces pratiques. Par artisanal, en premier lieu, je veux parler de la fabrication de l'architecture, de sa pratique comme telle, ce « savoir-faire de l'architecte » auquel faisait référence Herman Hertzberger, car, en dernière analyse, l'architecture est un métier qu'il faut bien maîtriser si l'on veut imaginer, synthétiser et articuler avec assurance un ensemble complexe. Même dans une situation où s'impose la présence de processus et de procédés numériques, ce métier doit être cultivé consciemment au sein de l'atelier et sur le chantier, là où les techniques manuelles, rationalisées par la technologie, peuvent encore prévaloir et garantir la qualité en architecture[8] ».

Si Kenneth Frampton fait lui-même allusion à un choix d'architectes qui reflète ses positions antérieures sur la question du régionalisme critique, il ne peut esquiver la question de l'autonomie de l'architecture en tant

Fig. 2 : Pavillon de jardin, Don Mills, Ontario, 1988, Shim-Sutcliffe. Source : Kuwabara, Bruce, « Brigitte Shim, Howard Sutcliffe : Un giardino à Toronto », *Domus*, No. 703, mars 1989 (photographie originale : John Dow).

Fig. 3 : Escalier et rampe, *Laneway House*, Toronto, 1993-1994. Source : Carter, Brian et al., *Shim-Sutcliffe – The Passage of Time*, (Documents in Canadian Architecture), Halifax, Dalhousie Architectural Press, 2014, p. 55.

que telle. Il écrit : « Bien que ne souscrivant pas à l'idée d'une totale autonomie de la forme architecturale, il faut reconnaître que l'architecture a ses propres limites pratiques et expressives ; et, en même temps, elle est une manifestation culturelle imbriquée dans le monde quotidien et comme telle, elle est capable de contrebalancer les conditions de la marchandisation universelle qui prévaut dans les mégalopoles que sont devenues les régions urbanisées d'aujourd'hui[9] ».

En m'appuyant sur la pratique architecturale de Brigitte Shim et Howard Sutcliffe, je propose de prolonger cette réflexion qui associe artisanat et autonomie architecturale. **[Fig.2]** Une lecture critique de la pratique de ces architectes torontois permet rapidement d'y retrouver clairement les trois vecteurs interreliés qui définissent les conditions du travail architectural chez Frampton : la dimension expérimentale du programme (typologie), la relation au site (topographie) et le détail architectural (tectonique)[10]. Mais ce qui définit probablement mieux la recherche de l'autonomie architecturale dans le cas de ces architectes, ce sont les conditions qu'ils se donnent pour leur travail en atelier et sur le chantier. Il ne s'agit pas pour eux de revendiquer pour l'architecture quelque chose qui serait de l'ordre de l'autonomie artistique ou de résoudre la tension entre les déterminations contextuelles et la liberté créatrice par le refus des règles du jeu, jusqu'à ne plus construire. C'est par la nature du contrat de création qui les lie à leur client, un contrat qui associe leur travail à l'œuvre plutôt qu'à celui d'un service qui, par définition, dénie toute forme d'autonomie, que leur pratique reste ancrée dans la discipline et s'ouvre sur l'horizon culturel de celle-ci.

Pour Brigitte Shim et Howard Sutcliffe le dialogue constant avec le client, les artisans et les industriels est essentiel au développement des idées et des expérimentations en atelier et sur le chantier. Fondés sur le plaisir de faire et sur une attention minutieuse aux thèmes et à la manière de Carlo Scarpa (1906-1978) comme *le site, le mur, le joint, la fenêtre, l'escalier et la porte*, les projets de Shim et Sutcliffe peuvent être vus comme « des combinaisons d'idées et de processus d'actualisation[11] ». Leur passion pour l'architecture japonaise et leur connaissance des réalisations d'Alvar Aalto à toutes les échelles sont des inspirations très fortes pour leur démarche. Ils définissent eux même leur pratique ainsi : « Notre pratique se focalise sur les multiples relations réciproques entre le mobilier, le paysage et l'architecture — une pratique où les éléments du paysage, ou ceux du contexte urbain, ne se limitent pas à trouver leur expression seulement dans l'ouvrage construit mais se retrouvent aussi dans chaque aspect de la conception des détails[12] ».

Plus précisément sur leur travail, ils écrivent :

« Cette idée de connecter la conception, l'approche artisanale et la production comme telle, est importante pour nous. Elle donne corps à notre façon de faire qui a évolué à un stade où maintenant nous pouvons travailler avec différentes compagnies pour la conception et la fabrication de choses spécifiques. Au début, nous commencions par construire des fragments de nos projets, mais aujourd'hui notre pratique s'est agrandie et renforcée et nous pouvons dessiner plus de mobilier, plus de petits éléments pour nos bâtiments. Cependant, nous avons aussi tendance à fournir des choses spécifiques à chacun de nos projets. En travaillant ainsi, nous sommes en mesure de tester des éléments conçus pour un projet et de considérer comment cela pourrait nous aider à concevoir ceux destinés à un nouveau projet[13] ».

Cette idée d'une certaine répétition, du prolongement d'une expérimentation d'un projet à l'autre, évoque les propos de K. Michael Hays à propos de Mies

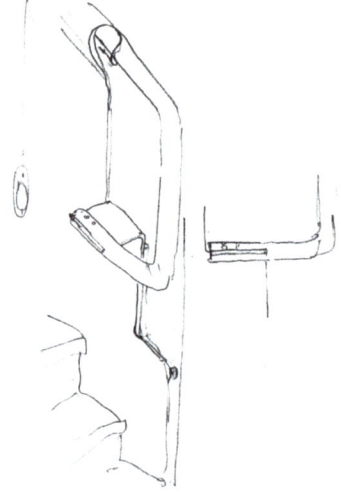

Fig. 4 : Croquis de la rampe, *Laneway House*, Toronto, 1993-1994. Source : Carter, Brian et al., *Shim-Sutcliffe – The Passage of Time* (Documents in Canadian Architecture), Halifax, Dalhousie Architectural Press, 2014, p. 55.

Van der Rohe et de la question de l'autorité en architecture. Il écrit : « La *répétition* démontre ainsi comment l'architecture peut résister à la réalité culturelle extérieure plutôt que de simplement la refléter[14] ». Mais cette répétition est aussi la marque d'un *trajet* au sens où Étienne Souriau distingue le trajet du projet, toujours inachevé[15].

Si on analyse, du dessin au chantier, de l'ouvrage à l'œuvre, les projets *Laneway House* (1993-1994) et *Harrison Island Camp* (2012-2013), projets personnels et *Integral House* (2009-2010), une maison privée, **[Fig. 3, 4, 5, 6]** ces projets démontrent bien que l'apparent repli sur soi de l'approche artisanale, ouvre en fait un territoire réflexif, expérimental et généreux à l'architecture qui échappe ainsi aux conditions bureaucratiques et restrictives de la production de l'espace. En repérant de simples détails comme les poignées de porte, les rampes d'escalier on voit que ceux-ci marquent leur propre statut de détails autonomes ainsi que les définit Edward T. Ford : « le détail autonome, très souvent possède sa propre histoire autonome, une histoire qui n'est pas nécessairement associée à la totalité de l'édifice, qui ne fait pas directement allusion à celui-ci, mais qui renvoie à un monde extérieur, à l'histoire en général, à d'autres édifices, ou à des réalisations antérieures des architectes[16] ».

L'architecture comme métier, le métier comme résistance

Loin d'idéaliser le mode administratif artisanal comme la condition d'une forme critique de l'architecture par excellence, on peut cependant y voir une condition préalable pour ménager ces « interstices de liberté » dont parle Abraham Moles (1920-1992)[17], favorisant ainsi une recherche plus personnelle, plus engagée du travail architectural. Cette recherche personnelle, ou pour le dire comme Étienne Souriau (1892-1979)[18], *l'œuvre à faire*, trouve dans le modèle médiéval de l'atelier, les moyens d'une résistance à la division sociale et technique du travail. Et, pour le dire encore comme Étienne Souriau, « une des présences de l'œuvre à faire, c'est le fait qu'elle pose et soutienne une *situation questionnante*[19] ». L'atelier avec son prolongement sur le chantier permet de répondre au souhait de Juhani Pallasma pour une architecture sensible lorsqu'il écrit :

« Je pense qu'il est essentiel de rester en contact avec les techniques de fabrication. Aujourd'hui, l'architecte avisé se doit de tisser des liens personnels avec le monde de l'art et de l'artisanat, de manière à ce que sa pensée intellectualisée renoue avec les sources de la vraie connaissance : le monde réel de la matérialité et de la gravité, ainsi que l'intelligence incarnée de ces phénomènes physiques. »[20]

Si l'on doit prendre un peu de distance avec le caractère moralisateur de ces derniers propos, reconnaissons que l'atelier de création qui fait de la fabrication le levier créatif et réflexif d'une architecture critique, ouverte à l'usage et à la sensibilité de ses destinataires, a plus de chance de jouir d'une autonomie relative que la société de services soumise à un marché normatif et global.

Nous sommes loin de l'idéal de Léon Battista Alberti (1404-1472) qui fait du savoir géométrique et de l'éloignement du chantier les conditions de l'autonomie intellectuelle de l'architecte et de son pouvoir dans la cité de la Renaissance. Comme le souligne Mario Carpo, l'idéal d'Alberti s'avère plus paradoxal aujourd'hui, à l'heure où les modèles numériques acquièrent leur propre autonomie aux dépens de l'architecte[21]. Il s'agirait plus aujourd'hui de retrouver le « dessinateur pensant » plutôt que de voir le « penseur dessinant » de Filarète (1400-1469) se perdre dans le nuage où se profile déjà le personnage virtuel de l'architecte. Mais d'un autre côté, nous sommes bien loin aussi de la thèse de Konrad Fiedler (1841-1895) pour qui l'essence de l'architecture vient du rejet de la technique dans le monde des besoins pour célébrer la forme comme seul sujet du travail artistique[22]. Au contraire, nous suivrons ici Alvar Aalto (1898-1976) dans sa vision renversée d'une pratique centrée sur la *materia* qu'il définit comme « la transformation d'une

Fig. 5 : Poignée de porte, *Harrison Island Camp*, Georgian Bay, Ontario, 2012-2013. Source : Carter, Brian & al., *Shim-Sutcliffe – The Passage of Time* (Documents in Canadian Architecture), Halifax, Dalhousie Architectural Press, 2014, p. 87.

Fig. 6 : Vue intérieure, *Harrison Island Camp*, Georgian Bay, Ontario, 2012-2013. Source : Carter, Brian et al., *Shim-Sutcliffe – The Passage of Time* (Documents in Canadian Architecture), Halifax, Dalhousie Architectural Press, 2014, p. 77.

Fig. 7 : Vue intérieure du chantier, *Integral House*, Toronto, 2009-2010. Source : Shim-Sutcliffe, *Integral House* (The 2006 Martell Lecture), Buffalo, School of Architecture and Planning, The State University of New York, University of Buffalo, 2006, p. 55. (photographie originale : Ed Burtynsky).

activité purement matérielle en un processus intellectuel[23] ».

L'atelier comme organisation du travail de création suggère une entreprise modeste, comptant peu de personnes. Ce n'est pas nécessairement le cas, la forme de travail en atelier pouvant se déployer par projets selon une stratégie de redoublement de l'autonomie relative au sein même d'une organisation de grande ampleur. On pourrait ici faire référence à Renzo Piano Building Workshop ou encore à Herzog et de Meuron, qui valorisent l'approche artisanale. Loin de constituer une sorte de renoncement désenchanté du monde industriel dans le sillage de William Morris (1834-1896), l'approche artisanale s'avère un chemin créatif innovant pour domestiquer la production architecturale et l'ouvrir à de nouvelles expériences sensibles de l'espace, des volumes et de la lumière. Celle-ci ne s'oppose pas à la fabrication industrielle. Déjà Walter Gropius (1883-1969) écrivait : « L'artisanat et l'industrie peuvent être vus comme des pôles opposés qui se rapprochent l'un de l'autre graduellement. Le premier a déjà commencé à changer sa nature traditionnelle. Dans le futur, le champ des activités artisanales se retrouvera principalement aux stades préparatoires du développement expérimental des nouvelles formes-types pour la production en série[24]. »

Loin de l'aventure du Bauhaus, nous pouvons dire que l'approche artisanale n'est pas un simple moment préparatoire à la production industrielle, mais bien un engagement dans la fabrication des choses qui permet le dialogue entre l'artisan et l'industriel, entre l'imagination de la main et le pouvoir des modèles numériques. Faisant du projet le lieu potentiel d'une autonomie relative, le mode artisanal ne conduit pas naturellement à une posture critique ou innovante ; mais il ouvre la porte à l'intentionnalité critique, à la possibilité pour les concepteurs de faire du projet et de la réalisation « une contribution significative aux idées plus abstraites de la discipline de l'architecture[25] ».

Cette perspective sociologique d'une autonomie relative qui reposerait sur un mode administratif artisanal et des moyens de conception artisanaux pourrait nous placer devant une sorte de constat déterministe de l'exercice professionnel. Mais, plutôt que d'y voir comme le sociologue Robert Gutman (1926-2007) une catégorie professionnelle mineure vouée à se transformer ou à disparaître[26], en nous attachant à sa persistance et en nous rapprochant des œuvres individuelles qui s'y élaborent, comme nous y invitait Stanford Anderson, nous découvrons une piste de réflexion intéressante pour caractériser une des manifestations de l'autonomie relative de l'architecture dans la société contemporaine. On peut voir dans cette forme de pratique, une sorte de résistance disciplinaire individuelle au monde professionnel de la production courante caractérisée par des conditions contractuelles bureaucratiques, une activité de conception réduite à la notion de service et orientée vers le produit aux dépens de la réalisation d'une œuvre. À cela s'oppose une relation contractuelle plus artisanale, un travail de conception reposant sur la tradition manuelle et une approche de la fabrication fondée sur la qualité sensible des matériaux. Ce retour à l'ouvrage où, comme l'écrit Henri Focillon, « la main arrache le toucher à sa passivité réceptive, elle l'organise pour l'expérience et pour l'action[27] », peut sembler rejoindre la production du luxe contemporain ; mais c'est un luxe paradoxal, dans l'esprit d'Adolf Loos (1870-1933), car sa richesse lui vient de sa capacité à façonner autant les matériaux les plus humbles que les plus rares et à accommoder les programmes les plus modestes comme les plus complexes.

Revenons à l'exemple des architectes Brigitte Shim et Howard Sutcliffe. « Howard Sutcliffe aime mettre la main à la pâte. Il est fasciné par les procédés de fabrication et par toutes les décisions qu'il peut prendre en dehors du bureau[28] ». Ces propos de l'un des premiers clients de Shim-Sutcliffe, résument en quelque sorte notre approche de l'autonomie dans ce court essai. **[Fig. 7]** Et si celle-ci n'était qu'un simple retour au métier devant l'œuvre à faire, « une architecture de tranquillité », loin des agitations du temps présent ?[29]

Notes

[1] Adorno, Theodor, « Functionalism Today », *Oppositions*, No. 17, 1979, pp. 31-41.
[2] Rowe, Colin, « Introduction », in *Five Architects*, New York, Wittenborn, 1972.
[3] Anderson, Stanford, « On Criticism », *Places*, Vol. 4, no. 7, 1987, pp. 7-8.
[4] Karpik, Lucien, *L'économie des singularités*, Paris, Gallimard, 2007.
[5] Menger, Pierre-Michel, *Le travail créateur*, Paris, Seuil, 2009, p. 331.
[6] Frampton, Kenneth, *Five North American Architects*, New York, Columbia University GSAPP/Lars Müller Publishers, 2012.
[7] *Ibid.*, p. 8.
[8] *Ibid.*, p. 9.
[9] *Ibid.*, p. 12.
[10] Frampton, Kenneth, « Reflections on the Autonomy of Architecture: A Critique of Contemporary Production », in *Out of Site, A Social Criticism of Architecture* (dir., Ghirardo, Diane), Seattle, Bay Press, 1991, pp. 17-26.
[11] Osborne, Peter, *Anywhere or Not at All, Philosophy of Contemporary Art*, London, Verso, 2013, p. 169.
[12] Shim, Brigitte, Sutcliffe, Howard, et al., « Shim-Sutliffe », *Praxis, Detail, Specificity in Architecture*, Vol. 1, no. 1, 2000, p. 27.
[13] Shim, Brigitte, Sutcliffe, Howard, « Shim-Sutcliffe, Wood Water Weathering Steel », *The 2001 Charles & Ray Eames Lecture, Michigan Architecture Papers 9*, Ann Arbor, 2001.
[14] Hays, Michael K., « Critical Architecture Between Culture and Form », *Perspecta*, No. 21, 1984, pp. 14-29.
[15] Souriau, Étienne, « L'œuvre à faire », in *Les différents modes d'existence*, Paris, PUF, 2009, pp. 195-217.
[16] Ford, Edward R., *The Architectural Detail*, New York, Princeton Architectural Press, 2011, p. 238.
[17] Moles, Abraham, « Vocables et concepts ; liberté principale, liberté marginale, liberté interstitielle », *Revue française de sociologie*, Vol. 7, no. 2, 1966, pp. 229-232.
[18] Souriau, Étienne, *Op. cit.*
[19] *Ibid.*, p. 208.
[20] Pallasma, Juhani, *La main qui pense*, Arles, Actes Sud, 2013, p. 64.
[21] Carpo, Mario, « Craftsman to Draftsman, The Albertian Paradigm and the Modern Invention of Construction Drawings », in *The Working Drawing, The Architect Tool,* (dir., Ganzoni, Spiro), Zurich, Park Books, 2013, pp. 278–280.
[22] Fiedler, Konrad, *Essais sur l'art*, Paris, Les éditions de l'imprimeur, 2002, pp. 72-73.
[23] Aalto, Alvar, *La table blanche et autres textes*, Paris, Flammarion, 2012, p. 244.
[24] Gropius, Walter, *The New Architecture and the Bauhaus*, Cambridge, MA, MIT Press, 1965, p. 54.
[25] Anderson, Stanford, *Op. cit.*
[26] Gutman, Robert, *Architectural Practice, A Critical View*, New York, Princeton Architectural Press, 1988, p. 109.
[27] Focillon, Henri, « Éloge de la main », in *Vie des formes*, Paris, Édition du Club du livre, 1966, p. 133.
[28] Propos de Robert Hill rapporté par David Lesker dans son article « Small but Grand », *Canadian Interiors*, November/December 2001, p. 32.

Le développement endogène de Diller Scofidio + Renfro ou l'agentivité d'une pratique architecturale interdisciplinaire

Alessandra Mariani, UQAM

The Endogenous Development of Diller + Scorfidio or the Agency of an Interdisciplinary Architectural Practice

Broadly speaking, DS+R concretizes cultural agency in this interstitial zone where the materialization of the project's cultural anchoring of and the various devices deployed in space to equip the visitor with a critical apparatus confront each other. [...] In the expanded register of the architectural project and of the conditions governing it, the architect's position may appear lessened. It is nonetheless a form of autonomy that enables an interdisciplinary practice like that of DS+R to evade discreetly the service economy, to avoid the effects of recuperation and dissolution proper to the creative industry, and to dodge political pitfalls.

Le développement endogène de l'architecture

Le concept de discipline architecturale de Stanford Anderson[1] fait de l'architecture *une culture*, soit une médiation d'idées, d'actions et de pratiques mises en forme de façon symbolique[2]. Suivant Howard Becker, elle serait aussi une *production culturelle*[3] ayant la capacité de restituer l'ensemble des interactions qui a rendu son existence possible, tout en s'inscrivant dans un réseau qui en produit la valeur et qui en oriente la réception[4]. Ainsi considérée, l'architecture se voit donc soumise aux mêmes logiques évolutives qui gouvernent la culture, dont son développement endogène[5]. Celui-ci présume que toute culture (ou architecture) est nécessairement métissée (interdisciplinaire) et passagère, et que son impermanence est provoquée par les effets de sa réception. Ceux-ci — la récupération idéologique et économique, et l'intégration dans l'ordre social — génèrent des mouvements de dissolution et de dédifférenciation qui suscitent les réflexes de survivance propres au développement endogène.

Cette interprétation de la culture est un aboutissement des théories de la réception. Elle s'éloigne du point de vue singulier et de la réception érudite imposés par les interprétations du structuralisme fonctionnaliste, élaborées à partir d'une logique exogène habituellement constituée de relations symboliques. Le développement endogène est plutôt concerné par les motifs distincts régissant l'adoption de stratégies et de tactiques mises en œuvre dans une production culturelle. Il s'agit de motifs qui entraînent la culture dans un mouvement persistant d'émancipation, un mouvement alimenté par des mécanismes tels que l'itération, la modulation et la différenciation, mais aussi la manipulation sémiotique, la production de sens et de réseaux[6].

Dans cette équation, l'émancipation est rendue possible par un dépassement dialectique de précédents associés à la construction d'entités autonomes. Une forme de déterminisme y est sous-tendue puisque le développement endogène est en partie un processus d'adaptation aux contraintes environnementales. Ce dernier se réalise par des mécanismes de création qui actualisent les particularités et l'originalité d'une culture — ou de l'architecture — dans des représentations matérielles et immatérielles nouvelles. Le développement endogène rend ainsi plausible l'hypothèse qu'un changement culturel (et par conséquent architectural) puisse être produit indépendamment des transformations de structures sociales, ou technologiques ou matérielles[7]. Il s'agit d'une perspective à laquelle adhèrent les producteurs (architectes) qui cherchent à orienter la médiation de leur production en ancrant culturellement cette dernière

Fig. 1 : Parc Zaryadye, Moscou : plan directeur. Illustration : Diller Scofidio + Renfro avec Hargreaves Associates and Citymakers.

dans l'environnement d'intervention. Ultimement, ce processus agentif qui s'avère être autant un instrument d'émancipation pour les producteurs que pour ceux qui reçoivent « l'œuvre » n'est possible qu'à partir d'une démarche réflexive relative à l'environnement d'intervention.

L'agentivité de l'interdisciplinarité de DS+R

La production de l'agence interdisciplinaire Diller Scofidio + Renfro suit cette logique endogène. Elle est constituée de trois phases distinctes opérant de façon dialectique qui finissent par former dans le temps, un construit pratico-heuristique[8]. La première phase de cette production (1979-1990) sonde les apories de l'acculturation critique de l'architecture américaine établie entre 1960 et 1990. Cette phase exploratoire suit la production de l'art contemporain et en approprie processus, discours, et matérialité pour formuler par le biais d'interventions et d'installations, une critique de l'architecture. La phase suivante explore l'espace institutionnel (1990-2005). Elle interroge le conditionnement culturel engendré par la perception humaine et les stratégies de contrôle et de production de sens des espaces institutionnels en mettant à l'épreuve, par des dispositifs spatiaux, l'appréhension cognitive de ses visiteurs. Cette phase s'adresse, de façon métaphorique, aux obstacles posés par l'institutionnalisation de l'architecture. La troisième phase (depuis 2005) est postproductive[9] et fait usage de ready-made, *les leurs*. Chaque projet tire profit des enseignements de la première et deuxième phase et inclut dans son élaboration, des itérations processuelles, matérielles, discursives et conceptuelles tirées de leur propre production.

Le développement du caractère interdisciplinaire spécifique de la pratique de DS+R est une démonstration d'écologie culturelle : l'intégration visible et stratégique d'une production artistique notoire à même leurs projets a comme objectif de transformer l'émulation en différentiation. Parce que ce répertoire toujours élargi par la recherche est mis à contribution à toutes les étapes du projet (de l'étude préconceptuelle à sa diffusion), la potentialité de différenciation est multipliée. Les trois phases de leur production expriment les postures temporelles de l'agence qui requièrent toutes une implication sociale : critique de l'architecture, l'architecture comme critique, et l'environnement émancipateur[10]. La première posture induit un rôle au sein de leur propre discipline, la seconde dans l'environnement culturel et médiatique, et la troisième réclame un rôle métapolitique analogue au sens gramscien qui consiste à agir dans le champ culturel de façon à générer un impact politique dans le long terme. Dans cette équation, l'économie ne représente qu'une part de l'ensemble de la culture, la culture étant l'infrastructure à investir ou subvertir par des moyens intellectuels.

Cette dernière posture qui s'est clarifiée depuis 2009 chez Diller Scofidio + Renfro[11], leur permet de revendiquer pour l'architecture, une agentivité culturelle, sans toutefois en préciser la teneur. L'étude de leur production depuis cette date révèle que cette agentivité se matérialise à partir de manipulations conceptuelles et de fertilisations provoquées par diverses collaborations interdisciplinaires. D'essence critique, cette agentivité culturelle récupère les modalités conceptuelles de l'art contemporain, dont les origines remontent, selon Peter Osborne, au mouvement moderne de l'architecture. Osborne explique que depuis 1960, l'art a émulé de l'architecture son rôle social axé sur la production de changement en appropriant son organisation d'ordre pratique, conceptuel et matériel de l'espace[12]. Plus précisément, l'art a approprié de l'architecture son caractère de *signifiant* du social, de fonctionnalité, ou de « pratique de la forme » liée à l'économie, à la

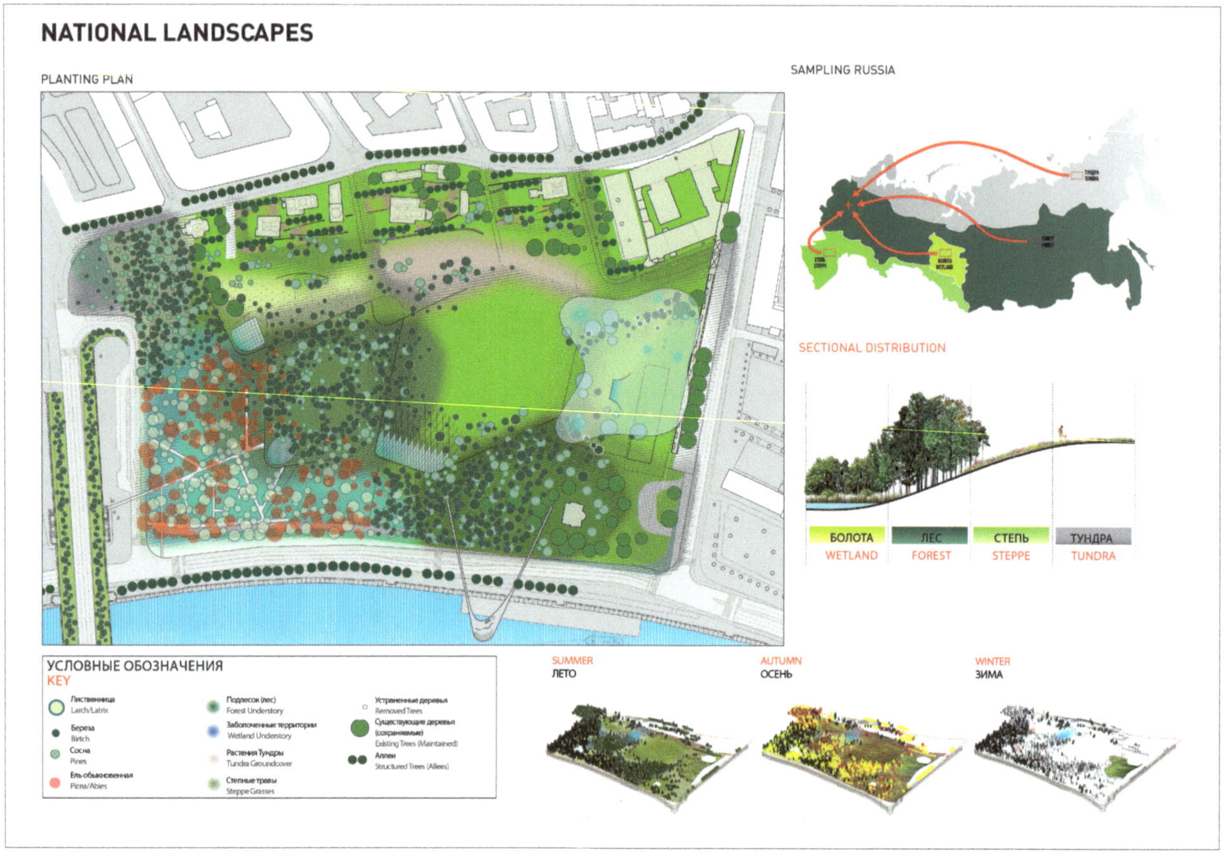

Fig. 2 : Parc Zaryadye, Moscou : plan de plantation. Illustration : Diller Scofidio + Renfro avec Hargreaves Associates and Citymakers.

Fig. 3 : Parc Zaryadye, Moscou : vue d'accès. Illustration : Diller Scofidio + Renfro avec Hargreaves Associates and Citymakers.

technologie, et à la politique pour investir l'espace urbain de façon critique. La récupération conceptuelle, processuelle et matérielle en tout ou en partie d'œuvres issues de ces transactions a d'abord permis à DS+R d'élaborer une production opérant en tant que dispositif de médiation de problématiques d'ordre cognitif et spatial dans l'espace institutionnel.

Cette production est un arsenal de stratégies de médiation. Réinvestie dans l'espace urbain, elle permet à l'agence, dans la mesure où elle adopte une position autoréflexive et autorégulée et choisit d'entretenir une négociation proactive avec l'environnement, de produire et de régir au sein de leurs projets, de nombreux effets. Albert Bandura, qui a étudié la relation des dimensions cognitives de l'agentivité, croit que l'organisation qui adopte ce mode opératoire ne s'assujettit pas entièrement aux forces des environnements avec lesquels elle transige. Elle oriente plutôt, comme DS+R, son fonctionnement et son efficacité en interagissant de façon dynamique entre les influences contextuelles, comportementales et disciplinaires[13] avec lesquelles elle doit composer.

Plusieurs auteurs ont exposé les multiples traits de l'agentivité architecturale contemporaine. Parmi ceux-ci, Tal Kaminer[14] a fait état des façons dont l'intégration de la critique architecturale, l'architecture de participation, les expressions de démocratie radicale, la symbolisation politique du langage architectural et de la forme urbaine, et l'efficacité politico-économique ont généré une forme spécifique d'agentivité architecturale. De leur côté, Jane Rendell, Jeremy Till et Nishat Awan[15] ont cherché à exemplifier la matérialisation de l'agentivité issue de l'esthétique de l'interdisciplinarité artistique. La production de DS+R tient compte de toutes ces stratégies, mais aussi des approches culturelles et sociocognitives susceptibles de la positionner de façon métapolitique, dont la dimension polysémique de la réception, et les effets de l'ancrage culturel. Leur aménagement du parc Zaryadye à Moscou reflète ces aspects et expose par le fait même, le construit heuristique avec lequel ils abordent leurs commissions et propositions.

Fig. 4 : Parc Zaryadye, Moscou : vue de la taïga. Illustration : Diller Scofidio + Renfro avec Hargreaves Associates and Citymakers.

Fig. 5 : Parc Zaryadye, Moscou : vue du belvédère. Illustration : Diller Scofidio + Renfro avec Hargreaves Associates and Citymakers.

Une mise en forme spatiale d'agentivité culturelle. Le Parc Zaryadye en données, précédents et articulations de ready-mades.

Données

À quelques pas du Kremlin, de la cathédrale St-Basile et de la Place Rouge à Moscou, Diller Scofidio + Renfro transforment en parc un terrain vacant de 35 acres où s'érigeait jusqu'à sa démolition en 2006, le gigantesque hôtel Rossiya. Longeant la rivière Moskova, le parc Zaryadye réunit quatre formations végétales indigènes russes et leur flore : la toundra, la steppe, la taïga et le marais. DS+R confèrent à ces zones intercalées dans un aménagement de terrasses soulignant la topographie naturelle inclinée du nord-est au sud-ouest du site, des microclimats indépendants et

Fig. 6 : Parc Zaryadye, Moscou : amphithéâtre. Illustration : Diller Scofidio + Renfro avec Hargreaves Associates and Citymakers.

Fig. 7 : Parc Zaryadye, Moscou : pont suspendu. Illustration : Diller Scofidio + Renfro avec Hargreaves Associates and Citymakers.

adaptés, alimentés par une technologie contrôlant lumière, température, vents et humidité. Le maintien artificiel de ces microclimats et de conditions climatiques mitigées l'année durant, vise une ample fréquentation du parc. Contrairement aux autres parcs de la ville, le Zaryadye n'est pas ceint de murs et sera ouvert en continu. Démuni de parcours préétablis par des bordures ou des zones non végétalisées, le parc se veut une invitation à l'errance et à l'exploration en offrant ponctuellement au visiteur, un sentiment dérogation dans une ville aux conduites prescrites[16]. Sa configuration favorise l'accès à toutes ses composantes : un belvédère aménagé sur son niveau le plus élevé surplombant la rivière Moskova, un centre d'interprétation exposant les restes exhumés d'un espace de traite et un édicule interactif diffusant les activités programmées du parc et de la ville. Ces fonctions d'exposition et de médiation sont accrues par une serre expérimentale et une grotte de glace, une zone pouvant accueillir des événements, un amphithéâtre et une salle de concert philharmonique prolongés d'une aire recouverte d'un écran de verre faisant office de panneau solaire. L'appareil de médiation culmine dans le pont suspendu en tête d'épingle qui place le visiteur dans un moment de suspension quasi acrobatique et le soumet au point de vue alternatif du spectacle artificiel de la nature et de la réalité moscovite.

Au-delà de l'adaptation du programme imposé par les autorités russes (l'octroi du projet s'est fait à l'issue d'un premier concours international pour la Russie), DS+R ont cherché à ancrer culturellement le projet. L'exploit technologique requis pour fusionner quatre divers microclimats a effectivement été reçu en termes d'ancrage culturel puisque la proposition d'aménagement du site a été interprétée par la presse d'« éco-nationalisme[17] », de mise en forme analogique exposant la richesse de l'écosystème russe. DS+R ont présenté le parc sous le concept d'*urbanisme sauvage*, - un système interactif entre nature et ville défini par la coexistence de la végétation et de la population - offrant la possibilité de moments d'égarement dans la nature et une impression d'expansion et de domination de la nature sur l'environnement bâti. Il est à noter que le parc est un projet politique : la revue de presse le présente comme le dernier élément d'une série de projets de revitalisation et de réaménagements d'aires publiques devant apaiser une atmosphère publique tendue depuis 2010[18].

Précédents
Des précédents de même nature ont contribué à l'élaboration du parc Zaryadye. La consultation des dossiers de recherche de l'agence révèle l'étude du Parc de la Villette de Rem Koolhaas et de Bernard

a.

c.

b.

d.

Fig. 8 : (a) *Blur Building*, Ivernon-les-Bains, 2002, photo: Beat Widmer; (b) Projet *Bubble*, musée Hirschorn, Washington D.C., 2013, courtoisie de Diller Scofidio + Renfro; (c) Vue de l'installation *Tourism SuitCase Studies,* 1991; (d) photo : Michael Moran; Projet *Bubble*, musée Hirschhorn, vue du National Mall, 2013. Illustration : Diller Scofidio + Renfro.

Tschumi à Paris (1982), du Schouwburgpelin de West8 à Rotterdam (1991-1996), et du Parc Del Auditoris de Foreign Office Architects à Barcelone (2004). Du projet de Rem Koolhaas, DS+R ont retenu la perspective d'exploration spontanée et difficilement reproductible qu'offre un paysage programmé de façon à exacerber l'alternance des plantations et zones d'activités ; du parc de Tschumi, le déploiement abstrait des folies soulignant la nature domestiquée et artificielle ; du projet de West 8, la zone faisant office de scène urbaine pour des installations et festivals ; du projet de Foreign Office Architects, l'inclinaison et l'orientation du sol rendant propices la culture végétale et la modulation des vues. L'étude du projet du parc Zaryadye permet aussi d'entrevoir comment le *Bubble*, une structure pneumatique non réalisée au Hirschorn Museum de Washington et l'installation *SuitCase Studies: The Production of a National Past* (1991), tous des projets antécédents de DS+R, se sont greffés conceptuellement aux données précédentes.

Articulations de ready-mades
Le parc Zaryadye peut être perçu en termes d'émulation de l'espace démocratique, historique et touristique du National Mall de Washington D.C., reconnu pour ses manifestations civiques. Le National Mall a déjà été un site d'investigation pour le projet *Bubble* de DS+R (2013) qui devait servir d'agrandissement au musée Hirschorn à Washington D.C. La structure pneumatique, translucide et rétractable du *Bubble* a été pensée, comme le parc Zaryadye, à partir d'un développement technologique d'envergure. Là où le parc fait appel au caractère techno-utopique d'une nature produite et contrôlée pour générer un espace

collectif devant altérer la perception et le comportement citoyen (DS+R ayant déjà expérimenté ces effets dans le *Blur Building*[19]) le *Bubble* suggérait un nouvel espace collectif éphémère, emprunté aux techno-utopies radicales des années soixante, afin d'altérer la perception institutionnalisée de l'espace muséal et du National Mall. Tandis que le *Bubble* devait contribuer à la conversion de la programmation du Hirschorn Museum et par extension, renforcer la dimension démocratique du Mall par la tenue récurrente de débats sociaux dans son espace pneumatique, le parc Zaryadye est un projet de récupération axé sur l'aménagement et la pérennisation d'un espace démocratique. L'effet insolite produit par la juxtaposition de la translucidité et de la luminosité du *Bubble* aux masses solides des toitures des institutions avoisinantes du National Mall, est reproduit dans le parc Zaryadye par son accessibilité, par le prodige inusité d'écosystèmes technologiquement générés et maintenus, et la vocation d'un projet de cette nature à Moscou.

Les stratégies réinvesties dans le parc Zaryadye sont aussi tirées de *Tourisms SuitCase Studies: The Production of a National Past* (1991), une installation de 50 valises émulant le principe du musée portatif et du cabinet de curiosités de la *Boite-en-valise* de Duchamp (1936-41). L'installation dénonçait la cristallisation de l'histoire et son instrumentalisation. Elle présentait deux réalités opposées dans le contenu de ses valises : d'un côté les récits authentiques de soldats ayant occupé un site, un lieu ou un territoire et de l'autre la version retravaillée des faits présentés aux touristes. Cette remise en question de la version officialisée des récits exposait la construction idéologique autour des champs de bataille, des maisons historiques, et des lieux emblématiques. L'installation démontrait aussi comment la production et la diffusion de produits dérivés venaient autant accroître l'aura des lieux que brouiller la compréhension des faits réels. Elle exposait la responsabilité des institutions et des gouvernements dans la construction de ces auras factices menant à l'appauvrissement culturel comme elle dénonçait les profits touchés par ces entités. Dans cette installation, l'histoire célébrée et unilatéralement cooptée était continuellement confrontée à une adaptation idéologique et économique de la réalité.

Dans le parc Zaryadye, DS+R détournent le processus de naturalisation de la culture exposé dans *Tourisms SuitCase Studies* pour en faire une acculturation de la nature au sens propre et au sens figuré. Au sens propre, la reterritorialisation d'éléments naturels indigènes déterritorialisés se voit intensifiée par d'autres dispositifs d'expérimentation émaillés dans le parc qui forment le rébus d'un paysage fabriqué agissant sur ses visiteurs tel un corps sans organes (CsO)[20]. Ce dernier se constitue par les divers niveaux d'appréhension des éléments tangibles et intangibles qui constituent le site dont la spectacularisation de la nature qui incite le corps à se défaire d'une expérience de l'espace en « points de subjectivation qui [...] fixent, et clouent dans une réalité dominante[21]. » DS+R proposent notamment une altération des perceptions dans le parc en désarticulant la représentation par le biais des expériences et des sensations éprouvées[22]. Dans ce projet, la dimension phénoménologique[23], qui fait surtout appel au corps vécu, est augmentée par les dispositifs construits du parc énumérés plus haut. Au sens figuré, l'appareil critique mis en place dans *Tourisms SuitCase Studies* est transposé dans le pont suspendu du Parc Zaryadye, où le corps de l'observant se trouve définitivement soumis aux réalités divergentes d'une nature savamment projetée et proliférée, et d'un environnement moscovite ambivalent. En d'autres termes, cette opération qui active le passage du figuré de l'expérience sensorielle au stade du *figural*[24] – soit la décomposition de cette acculturation spectaculaire qu'est cette figure-matrice du parc – est sciemment stimulée chez le visiteur afin qu'il puisse accéder aux dimensions inapparentes du projet de façon cognitive.

De façon générale, l'agentivité culturelle de DS+R se concrétise dans cette zone interstitielle où s'opposent la matérialisation de l'ancrage culturel du projet et les divers dispositifs mis à contribution dans l'espace pour outiller le visiteur de façon critique. Cette forme d'agentivité émerge au moment où le processus de contextualisation se complexifie. Elle s'actualise dans l'ensemble de données relatives au contexte culturel du projet qui sont ensuite redéployées dans la conceptualisation de façon à ce qu'il devienne lui-même l'appareil de médiation de ces données. En d'autres termes, cet agencement est associé à une posture idéologique destinée à produire une représentation spatiale, matérielle et discursive offrant plusieurs niveaux de réception et parfois même, l'indétermination de l'interprétation. Dans le registre élargi du projet d'architecture et des conditions qui le gouvernent, cette position de l'architecte peut sembler réduite. Elle est cependant la forme d'autonomie qui permet à une pratique interdisciplinaire comme DS+R de se soustraire discrètement de l'économie de services, de s'affranchir des effets de récupération et de dissolution de l'industrie de la création, et contourner les écueils politiques.

Notes

Je remercie Diller Scofidio + Renfro d'avoir lu attentivement cet article et de m'avoir fourni toutes les illustrations qui y sont intégrées.

[1] Anderson, Stanford, « On Criticism », *Places*, Vol. 4, no. 1, 1987, pp. 7-8.

[2] Jencks, Chris, *Culture*, London, Routledge, 2005 (deuxième édition ; édition originale 1993), pp. 6-10.

[3] Becker, Howard, « Art as Collective Action », *American Sociological Review*, Vol. 39, no. 6, December 1974, pp. 767-776.

[4] Bourdieu, Pierre, « Le champ littéraire », *Actes de la recherche en sciences sociales*, Vol. 89, septembre 1991, pp. 3-46.

[5] Kaufman, Jason, « Endogenous Explanation in the Sociology of Culture », *Annual Review of Sociology*, Vol. 30, 2004, pp. 336-338.

[6] *Ibid.*, p. 336.

[7] *Ibid.*

[8] Bouvier, Pierre, *La socio-anthropologie*, Paris, Armand Colin, 2002, p. 76.

[9] Bourriaud, Nicolas, *Postproduction. La culture comme scénario : comment l'art reprogramme le monde contemporain*, Paris, Les Presses du réel, 2004.

[10] Rancière, Jacques, *Le Spectateur émancipé*, Paris, Éditions La Fabrique, 2008.

[11] Kazi, Olympia, « Architecture as a Dissident Practice: An Interview with Diller Scofidio + Renfro », *Architectural Design*, Vol. 79, no. 1, January/February 2009, pp. 56-59; Kim, Dave, « Elizabeth Diller », *Surface*, November 3, 2014. En ligne : http://www.surfacemag.com/articles/elizabeth-diller. Repéré le 12 juin 2016 ; Ingalls, Julia, « The Reluctant Architect: 15 minutes with Liz Diller, *Archinect*, April 20, 2016. En ligne : http://archinect.com/features/article/149940802/the-reluctant-architect-15-minutes-with-liz-diller. Repéré le 12 juin 2016.

[12] Osborne, Peter, *Anywhere or not at all. Philosophy of Contemporary Art*, London, Verso, 2013.

[13] Bandura, Albert, « Social Cognitive Theory: An Agentic Perspective », *Annual Review of Psychology*, No. 52, 2001, pp. 1-26.

[14] Kaminer, Tahl, *The Efficacy of Architecture, Political Contestation and Agency*, London, Routledge, 2017.

[15] Awar, Nishan, Hill, Jeremy, & Scheiner, Tatjana, *Spatial Agency. Other Ways of Doing Architecture*, London, Routledge, 2011; Rendell, Jane, *Art and Architecture. A Place Between*, London, I.B. Tauris, 2006.

[16] DS+R, *Zaryadye Park, About*, En ligne : http://www.dsrny.com/projects/zaryadye-park. Repéré le 25 janvier 2017.

[17] Ulam, Alex, « In Putin's Moscow, an Urban Wilderness Emerges », *CityLab*. 17 mai 2017. En ligne : https://www.citylab.com/design/2017/05/in-putins-moscow-an-urban-wilderness-emerges/526872. Repéré le 17 mai 2017.

[18] *Ibid*. La transformation de l'ancien centre des réalisations de l'économie nationale de l'URSS en centre panrusse des expositions (le VDNKh), le parc Gorky et la revitalisation techno-esthétique des quartiers l'avoisinant, le Musée d'art moderne de Moscou.

[19] Diller + Scofidio, *Blur. The Making of Nothing*, New York, Harry Abrams Inc., 2004.

[20] Deleuze, Gilles, & Guattari, Félix, *Mille Plateaux*, Paris, Minuit, 1980, p. 198.

[21] *Ibid.*

[22] *Ibid.*, p. 206

[23] Deleuze, Gilles, *Francis Bacon. Logique de la sensation*, Paris, Seuil, 2002, pp. 47-56.

[24] Lyotard, Jean-François, *Discours, Figure*, Paris, Klincksieck, 1971 ; en mentionnant la notion de « figural » qu'une seule fois, Gilles Deleuze en déploie la dimension « matérielle » et l'ontologie dans *Francis Bacon. Logique de la sensation*. Voir Deleuze, Gilles, *Op. cit.*

Architecture: A Pluripotent Stem Field

Sherif Goubran, Concordia University

> On peut penser l'architecture, en tant que discipline, comme un groupe de cellules souches pluripotentes. Alors que chaque type dans le groupe est homogène, chaque cellule dans le groupe est fonctionnelle, possède une structure distincte, peut se diviser et demeurer indifférenciée afin de se reproduire, et peut se diviser pour se différencier et devenir un nouveau type.

The debates regarding "autonomy" in the field of architecture, and their relation to both the discipline and practice as presented by Anderson,[1] **gives rise to many questions, reflections as well as tensions.** This short synthesis aims to highlight and tackle a number of key questions: Is the concept of autonomy, which was heavily debated in the 1970s-1980s, still relevant today? How are autonomy in the discipline and practice of architecture related? How can autonomy be defined or conceptualized in architecture?

In response to functional determinism (or other types such as ecological determinism presented by Lachance in "Le déterminisme écologique d'Ian L. McHarg"), and as presented by Louis Martin in "Blanc et rouge, ou l'hétéronomie théorique de l'autonomie formelle", some architects set to explore architecture as a universal independent system of communication. These explorations were accompanied by calls for modern theories that open the possibility for timelessly valid architectural forms. As Martin highlights, even in the most radical exploration of autonomy, the resulting forms are strongly rooted in and answers to the context in which they are embedded. Carmela Cucuzzella, in "The (Im)Possibility of an Autonomous Environmental Architecture", indicates that although autonomous architecture aims to "respond to itself and its own interrogations", its outcome can hardly remain autonomous once built and embedded with a social-economic-environmental reality. For Tafuri,[2] the separation from the capitalistic means of production holds the key to architecture autonomy, and for Aureli,[3] an absolute architecture, which can serve as the separation from the city, could be a manifestation of such autonomy. Cucuzzella draws upon the concept of *agonism* as a process in which differences can be confronted in a socially productive manner[4] and as a form of architecture which is able to incorporate the external while prioritizing physical properties.[5] However, it seems that all attempts towards autonomy leads to heteronomy. David Theodore in "The Paradoxes of Quasi-Autonomy in Architecture", and others,[6] beg to question the source of this question: "what kind of situation allows for architecture to worry about itself to this degree?".[7] Today, some calls on the return to Utopia[8] as a substitute to the "myth" of autonomy to achieve the renewed purpose and relevance of architecture.[9] Jean-Pierre Chupin, in "Claustra: Analogie concrète de l'architecture", indicate that thinking of architecture disciplinarily is a form of "claustration". The autonomy debates, which were relevant in the 1980s, have been replaced by calls for interdisciplinarity which can be seen as self-contradictory in their concurrent questioning and demarcation of disciplinary limits.

He proposes a strong multi-level analogy for the architecture discipline: with the "claustra" as a semi-enclosed architectural element (which is a non-absolute enclosure that is homogenously porous), and with the claustrum in the brain that coordinates sensory data in the neocortex and plays a key role in the sense consciousness. This analogy allows for understanding the architectural discipline as an identifiable porous "structure" that interacts and regulates its surrounding. However, one can question wherepractice is situated within this view.

The exploration of the autonomous practices of architecture, be them artisanal (Georges Adamczyk), exploratory (Bechara Helal), or personal (Cynthia Hammond) highlights the failure of the "reductive" claims of autonomous architecture. The situationless of architecture practice within contexts, networks and relational experiences (economic, historic, environmental and most importantly social) can serve in recognizing its embeddedness in social formations which can be the source of autonomy. An autonomy that allows for a form of architecture-in-practice where architects have a developed "sense of self" and are focused on the processes.[10] But within this view, situating architecture as a discipline becomes a challenge.

In order to reflect on autonomy in architecture (both discipline and practice), an extension and analogy to cell biology can be helpful. Generally, cells have a clear structure defined by a selectively permeable membrane, hold within them a nucleus which contains the full genetic code of the organism (i.e. the DNA), perform specific functions, and are also highly linked and dependent on their environment. In most cells, this code, within which the "history" inherited from mother cells and the code for growth is embedded, is only partially activated to define and control the cell's behavior. Although most cells are differentiated, stem cells are unique in their undifferentiated biological status. Pluripotent adult stem cells, which were first isolated and independently studied in 1978, have 2 distinct properties: self-renewal (i.e. the ability to divide to create more undifferentiated cells) and potency (i.e. the ability to differentiate into any other cell types).[11]

One can think of architecture, as a discipline, as a group of pluripotent stem cells. While the group is homogenous by type, each cell within the group is functional, has a distinct structure, can divide and remain undifferentiated in order to self-renew, and can divide to differentiate and become a new type. Notably, each of the cells holds the code for endless possibilities and enables it to possibly perform any function. Each of the undifferentiated cells, which have a semi-permeable defined structure, can be described and analyzed, can interact with its environment, self-renew and adapt. Each of these cells can be thought to represent different portions of the discipline of architecture and the group of stem cells can grow homogenously. However, the practical functions of these cells are only experienced when they differentiate: at the right conditions and as needed, one or more of these cells can divide to create a specific type of cell which has a specific exhibited function within the organism. Such differentiation can be thought of as the practice of architecture: the different cells that makeup the discipline, being affected by the outside conditions, reproduce in order to take on specific functions. While still being unique cells with clear structures and while still being able to divide and foster independently, these differentiated cells become embedded within a new group in the organism: one that has a specific observable and measurable function.

Architecture, as a discipline, has the property that allows it to create endless possibilities. The discipline has the ability to interact with the external conditions (be them social, environmental, economic, ethical even disciplinary in nature) through its semi-porous structure (referring to Chupin's *Claustra* or the cell wall). Architecture practice is rooted in the discipline and is differentiated to fit the external conditions. In the short term, the conditions allow for practices to emerge and be sustained. In the long term, as the organism evolves, the genetic code of all cells changes creating stem cells with new properties which maybe allow for new forms of differentiated cells, which allow new practices to emerge. This analogy makes the homogeneity of the discipline clear and the heterogenic nature of the practice unique. Pushing this analogy even further, since studies have also highlighted that external conditions could be the cause of cell mutations resulting in malignant tumors and that the most dangerous cancer cells are those who exhibit stem cell like behaviors,[12] the calls for isolating architecture can be contextualized and comprehended. While the autonomy of the cells (both undifferentiated and differentiated) can be thought of topologically (i.e. by a degree of autonomy), it can be agreed that all the cells serve no use in isolation; a complete isolation of the discipline and/or practice can only be seen as both self-contradictory and self-destructive.

Notes

[1] Anderson, Stanford, "On Criticism", *Places*, Vol. 4, no. 7, 1987, pp. 7-8.
[2] Tafuri, Manfredo, *Architecture and Utopia: Design and Capitalist Development*, Cambridge, MA, MIT Press, 1976.
[3] Aureli, Pier Vittorio, *The Project of Autonomy: Politics and Architecture Within and Against Capitalism*. New York, The Temple Hoyne Buell Center & Princeton Architectural Press, 2008; Aureli, Pier Vittorio, *The Possibility of an Absolute Architecture*, Cambridge, MA, MIT Press, 2011.
[4] Mouffe, Chantal, *Agonistics: Thinking the World Politically*, London, Verso, 2013.
[5] Frampton, Kenneth, "Towards an Agonistic Architecture", *Domus*, 2013, pp. 364-386.
[6] Coleman, Nathaniel, "The Myth of Autonomy". *Journal of the International Society for the Philosophy of Architecture*, Vol. 1, no. 1, 2015, pp. 157-178.
[7] Hays, K. Michael, *Oppositions Reader: Selected Readings from a Journal for Ideas and Criticism in Architecture, 1973-1984*, New York, Princeton Architectural Press, 1998.
[8] Tafuri, Manfredo, *Architecture and Utopia: Design and Capitalist Development*, Cambridge, MA, MIT Press, 1976.
[9] Coleman, Nathaniel, "The Myth of Autonomy". *Journal of the International Society for the Philosophy of Architecture*, Vol. 1, no. 1, 2015, pp. 157-178.
[10] Imrie, Rob, & Street, Emma, "Autonomy and the Socialisation of Architects", *The Journal of Architecture*, Vol. 19, no. 5, 2014, pp. 723-739.
[11] Solter, Davor, "From Teratocarcinomas to Embryonic Stem Cells and Beyond: A History of Embryonic Stem Cell Research", Nature Reviews Genetics, Vol. 7, no. 4, 2006, pp. 319-327.
[12] Clevers, Hans, "The Cancer Stem Cell: Premises, Promises and Challenges", *Nat Med*, Vol. 17, no. 3, March 2011, pp. 313-319.

Les trois degrés d'autonomie de la pensée architecturale

Paolo Amaldi, École nationale supérieure d'architecture de Versailles

The Three Degrees of Autonomy of the Architectural Thinking

We owe the biggest leap forward for the autonomy of architectural practice [during the 20th century to the Italian cultural environment of the post-1945 period, an environment which also influenced the key figures of American postmodernism. […] If we add to this that architects thinking during that period was marked by the introduction of semiotics, we will not be surprised to realize how much this filter contributed to an extreme "formalization-modelization" of architecture, in which a certain analogy with the Italian Renaissance can be seen, in my opinion.

Paolo Amaldi is an architect graduated from the Ecole polytechnique fédérale de Lausanne, He also holds a Master and a Ph.D in Architecture from the Université de Genève. He published articles about perception mecanisms and operations of the gaze in classical and modern architecture.

L'obstination à refonder une autonomie de la discipline architecturale vis-à-vis de l'expérience spatiale, du temps qui passe, des contingences techniques et matérielles, aura été le propre d'une génération d'architectes qui a vu, paradoxalement, l'espace du politique élargir son emprise sur la société. Je veux parler du néo-rationalisme italien qui émerge au cours des années 1960, auquel fait allusion Louis Martin dans son texte. Pour ne citer que le livre *L'architettura della città* de Aldo Rossi paru en 1966, les idées principales qui le traversent touchent aux faits urbains, aux permanences, aux monuments dont la typologie — terme qui renvoie à un invariant — résiste au temps et aux usages et qui peut être comprise en rapport à la morphologie urbaine — autre terme central de cet exercice de déréalisation proposé par Rossi. Cet ouvrage suit ou précède à un mois près celui de Vittorio Gregotti *Il territorio dell'architettura*, essai sur la dimension territoriale de l'architecture. Les deux textes interrogent la question des limites disciplinaires intégrant les échelles de la ville et du paysage. Le livre de Rossi, professeur chassé de l'école polytechnique de Milan sur décret ministériel, visait à réesthétiser la profession pour la faire accéder à un statut de discipline autonome au moment où Henri Lefebvre, en France publiait en 1968 *Le droit à la ville* dont les thèses, s'inspirant du mouvement situationniste, revendiquaient, *a*

Fig. 1 : Couverture de l'ouvrage d'Aldo Rossi, *L'architettura della città*, Padova, Marsilio, 1966.

contrario, une réappropriation de la ville par le vécu quotidien de ses habitants.

Le plus grand bond en avant de l'autonomie du métier d'architecte du XXe siècle, on le doit donc à cet environnement culturel italien d'après-guerre, lequel, à son tour va influencer les grandes figures du postmodernisme américain. Un milieu qui concevait la profession architecturale comme une activité artistique, un « mestiere » doté d'une certaine noblesse et refusant les dogmes du Mouvement moderne, comme attestent les débats de la revue *Casabella* dirigée par Ernesto Nathan Rogers depuis les années 1950.

Fig. 2 : Couverture de l'ouvrage de Vittorio Gregotti, *Il territorio dell'architettura*, Milano, Feltrinelli, 1966 [1962?].

Umberto Eco observait à ce propos que la génération des architectes milanais à laquelle appartenaient Gregotti, Grassi et Rossi adoptait un style intellectuel caractérisé par le goût de la philosophie et de la littérature, conscients — pourrait-on ajouter — d'appartenir à une grande tradition : « Vers 1960 j'avais écrit *L'Architecture de la ville*, ouvrage qui eut une certaine fortune. À cette époque j'avais à peine trente ans et j'étais animé du désir d'écrire un texte définitif (…) Le traité de la Renaissance devait devenir un "appareil" dont on retrouvait la trace dans les objets. Je méprisais les souvenirs tout en me servant d'impressions urbaines ; derrière les sentiments, je tentais de découvrir les lois immuables d'une typologie sans époque[1] ». Si l'on ajoute que la pensée des architectes de cette époque est marquée par l'irruption de la pensée sémiotique, on ne pourra s'étonner de constater à quel point ce filtre a contribué à une formalisation/modélisation extrême de l'architecture qui présente à mon sens des analogies avec la Renaissance italienne.

À l'instar du monde imaginaire des architectes néo-rationalistes qui possède une existence propre sur le papier, le monde architectural de la Renaissance était un monde dominé par une pensée platonicienne et euclidienne reposant sur les lignes dessinées, les *Lineamenti*. Cette période marque une première conquête d'autonomie de la pratique architecturale élevée à art libéral. Elle coïncide avec l'émergence de la figure de l'architecte qui, dans l'esprit de Alberti, est censé être un homme universel : un peintre, un intellectuel, un maçon, un astronome, un mathématicien. La théorie albertienne de la forme architecturale part d'une réduction au sens phénoménologique, c'est-à-dire d'une *époché* qui consiste à réduire un bâtiment à ses lignes de contours ou à des figures répétitive et simplifiée reliées entre elles et constitutives d'une syntaxe resserrée.

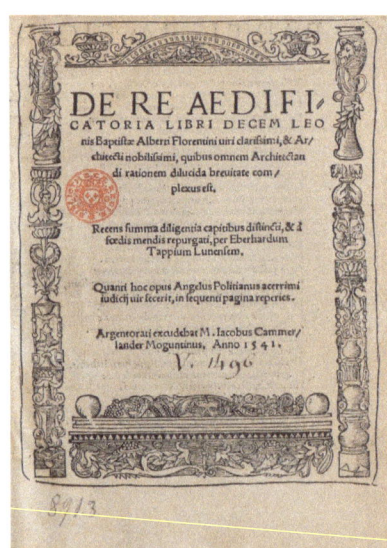

Fig. 3 : Couverture de l'ouvrage de Leon Batista Alberti, *De Re aedificatoria (libri decem)*, J. Cammerlander (Argentorati), 1541 [1485]. Source : Bibliothèque nationale de France, département Littérature et art, V-8913.

Mais comme le remarquait Alberti, si l'œuvre finale est une pure activité de l'esprit, le dessin lui-même peut être source d'erreur :

« L'architecte développera ainsi la puissance de son esprit par l'usage de la pratique de tout ce qui lui permet d'acquérir une parfaite maîtrise de sa discipline ; il ne se fera pas seulement un devoir de posséder la compétence sans laquelle il ne serait pas celui qu'il fait profession de l'être, mais il s'exercera dans la connaissance et la pratique de tous les arts libéraux (…) Les arts qui sont utiles à l'architecte, ou, plus exactement qui lui sont absolument nécessaires, sont la peinture et les mathématiques (…) Pourtant je ne veux pas que l'architecte soit privé de langue ; je ne veux pas que ses oreilles soient complètement sourdes à l'harmonie musicale (…) Mais à vrai dire, il ne peut plus se passer de la peinture et des mathématiques que le poète des mots et des syllabes ; et je ne suis pas sûr qu'il lui suffise d'en avoir seulement une connaissance modeste. Voici ma conviction : il m'est souvent arrivé de me représenter mentalement des ouvrages que j'avais alors grandement appréciés ; or, après les avoir ramenés à leurs lignes, je trouvais des erreurs, et même des erreurs répréhensibles, précisément dans la partie qui m'avait donné le plus de plaisir ; et après avoir médité à nouveau le dessin de mon projet et entrepris d'en calculer les proportions, je reconnaissais et déplorais ma négligence ; enfin, après avoir représenté au moyen de maquettes et de dessin à l'échelle, il m'est arrivé, en reprenant chacune de leur partie une à une, de m'apercevoir que je m'étais même trompé dans leur calcul[2] ».

Ce passage montre qu'aux yeux de Alberti les instruments d'anticipation — dessins en plan, coupes, élévations — ne sont que des vérifications partielles de la réalité et que le travail de mise

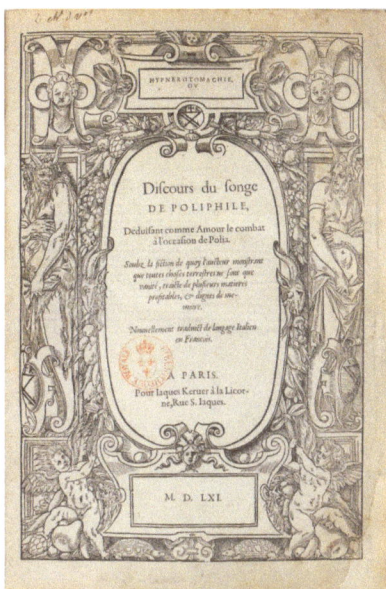

Fig. 4 : Couverture de l'ouvrage de Francesco Colonna, Hypnérotomachie, ou Discours du songe de Poliphile (trad. Jaques Kerver, Paris, 1554). Source : S-19 L-RILL / 8667 000006113629.

en forme et mise à l'échelle se fait de façon heuristique, à l'image des croquis d'architectures à plan central d'un Léonard de Vinci issus de son codex B qui montrent comment la forme se cherche dans le tourbillon du croquis. L'autonomie de la pensée architecturale à la Renaissance paie le prix fort de sa distance inévitable à l'objet qu'elle vise : elle est obligée de projeter un objet à venir en s'appuyant sur des instruments d'anticipation, dont aucun n'est véritablement fiable. Il existe en effet une certaine méfiance vis-à-vis des diverses formes de représentation de l'architecture qu'Alberti partage avec Raphaël[3]. Être architecte consiste à faire abstraction des instruments d'anticipation tout en les utilisant. La liberté poussée à l'extrême devient finalement un exercice d'ascèse mentale, de méditation pure : la synthèse habitant l'esprit de l'architecte pour autant, dirions-nous, que celui-ci soit doté d'une vision absolue tout comme l'on dit d'un musicien qu'il est doué d'une oreille absolue.

À côté de cette conquête d'autonomie vis-à-vis de la matérialisation de l'objet, le projet va se dégager, progressivement, des contraintes du dessin lui-même, c'est-à-dire de certaines règles proportionnelles qui ont été considérées pendant la Renaissance comme un gage de la beauté fondée sur la *symmetria*, le bon accord entre les parties. On pourrait dire que l'autonomie dans la gestion du projet se mesure aussi à l'aune des marges de manœuvre que l'architecte réussit à négocier au cours du processus. Ainsi, dès la Renaissance, le canevas contraignant du dessin permet certains flottements, certaines licences qui gagneront en importance avec le maniérisme. Il autorise des improvisations qui agrémentent et rendent vivante la composition.

C'est ce que j'appellerais la deuxième conquête d'autonomie de l'activité de l'architecte qui va se renforcer jusqu'au XVIIIe siècle. De cette autonomie, Alberti lui-même en était conscient. Dans un passage de son traité *De pictura*, en latin, il remplaçait la *venustas* vitruvienne par le terme *pulchritudo* ; dans la version italienne qu'il livre, ce mot est remplacé par *vaghezza*[4]. La précision des formes, leur capacité à se refermer sur elles-mêmes, à s'inscrire dans des rapports numériques parfaits, doit s'allier avec l'indéfinissable et le flottant. L'arrangement bien calculé ne peut se passer d'un geste libre, d'une impulsion qui imprime de la vie à l'ensemble.

Dans le *Discours du songe de Poliphile*, texte vénitien et roman de cours, traduit en français au XVIe siècle par Jean Martin (qui fut aussi le traducteur du *De architectura* de Vitruve) on tombe, en ouverture, sur une gravure de façade de temple d'inspiration romaine. Tout en décrivant minutieusement ce dessin, notre héros, Poliphile, s'interroge : « que peuvent faire les architectes modernes qui s'estiment savans, sans lettres et sans doctrines, encore qu'ils soient sans regle ny mesure ? ». De quelle marge de manœuvre et de quel espace de liberté bénéficient-ils sans pour autant tomber dans la corruption de la forme ? : « parquoy (pourquoi) corrompent et difforment toutes les manieres de bastimens tant particuliers que publiques, desprisans (méprisant) la nature qui les enseigne à bien faire s'ils la veulent imiter ? ». La réponse à cette question, il faut la chercher dans la gravure elle-même où l'on distingue nettement la double matrice graphique dont est composée la façade : d'un côté une géométrie de l'orthogonalité, des tracés régulateurs accompagnant un quadrillage strict de la façade ; et, de l'autre, un jeu ponctuel de lignes libres, en forme de rinceaux, concentrées aux points d'appui qui insufflent de la vie à cette pensée diagrammatique. Leur rôle, serait, selon Poliphile, « d'enrichir » la besogne de l'architecte, « contenter la veue (vue) » en assurant tout de même que « le massif demeure entier » : « Par massif, j'entens le corps de l'edifice, lequel sans ornemens fait congnoistre (connaître) le savoir et l'esprit du maistre[5] ». Un peu plus loin dans le même texte on y voit une représentation de la Déesse du printemps, Primevère, à l'œuvre devant l'autel des offrandes, les boucles de ses cheveux animés par le vent qui font écho aux formes courbes des chapiteaux corinthiens encadrant la scène. Cette utilisation d'accessoires en mouvement dans une composition rigide va, en quelque sorte, se renforcer avec le maniérisme qui coïncide avec la complexification de la notion de beauté. Umberto Eco observait à ce propos :

« En imitant apparemment les modèles de la Beauté classique, les maniéristes en dissolvent les règles. La Beauté classique est sentie comme vide, sans âme. [….] La critique envers les doctrines qui reconduisent le Beau aux proportions — déjà présente dans le néoplatonisme de la Renaissance, surtout avec Michel-Ange — prend sa revanche sur les belles proportions minutieusement calculées par Léonard ou Piero della Francesca : les maniéristes privilégient les figures en mouvement, et surtout le S, figure serpentine qui ne s'inscrit pas dans un cercle ou un quadrilatère géométrique. [...] La distinction entre proportion et disproportion, forme et informe, visible et invisible, devient caduque : la représentation de l'informe, de l'invisible, du vague transcende les oppositions entre beau et laid, vrai et faux. La représentation de la Beauté croît en complexité, se réfère davantage à l'imagination qu'à l'intellect[6] ».

En inscrivant les palais urbains dans sites irréguliers — des « siti di diverse forme fuori quadro » — le théoricien maniériste Sebastiano Serlio montrait, dans le dernier des *Sette libri dell'architettura*, la façon dont il entendait sortir de la composition réglée pour absorber dans la périphérie de ses plans les accidents du lieu. L'intention de Serlio est de faire descendre l'idéal de son piédestal et de le vivifier en confrontant la théorie au terrain de jeu de l'espace urbain dont les anfractuosités complexifient l'objet architectural et alimentent ces « stranissime forme » (ces formes très étranges)[7]. Pourrait-on voir dans cette approche à la fois pragmatique, curieuse et ludique une anticipation de la forme par défaut, ne nécessitant pas de composition, de certains projets de Rem Koolhaas ? Si le rapprochement peut sembler *a priori* séduisant, la stratégie projectuelle de l'architecte néerlandais diffère de la démarche d'un Serlio parce qu'ellefait voler en éclats la pensée séquentielle de l'époque classique et qu'elle appartient à un mode de pensée ouvert, en devenir.

Cette pensée ouverte est annoncée au XVIIIe siècle par le philosophe allemand Gottfried Wilhelm Leibniz dans ses recherches autour de la possibilité et de la nécessité du monde tel qu'il est, notamment lorsqu'il affirme que le possible existe bel et bien et qu'il n'est pas une sous-catégorie du réel, sorte de potentiel qui précèderait la réalité (hypothèse qui subsiste dans la doctrine philosophique classique et qu'il essaie de battre en brèche). Comme nous le dit le vocabulaire philosophique de Lalande, dans la pensée aristotélicienne le possible est ce qui est en puissance[8] et qui s'actualise dans une forme spécifique. Puisant sa raison d'être dans le divers, la possibilité de Leibniz est, au contraire, plurielle et polysémique. Dans une lettre adressée à Spinoza, Leibniz observait, par exemple, que « les choses sont possibles en beaucoup de manières[9] ». D'ailleurs, les commentateurs n'ont pas manqué d'observer que chez ce philosophe « essence » et « possibilité » sont souvent des termes interchangeables, utilisés comme des synonymes : « l'essence dans le fond n'est autre chose que la possibilité de ce qu'on propose », car il n'y aurait qu'une essence de la chose, de même qu'il y a plusieurs définitions qui expriment une même essence, « comme la même structure ou la même ville peut être représentée par des différentes scénographies, suivant les différents côtés dont on la regarde[10] ».

En 1934, Henri Bergson, suite à une conférence prononcée à Oxford en 1930, rédige *Le possible et le réel* qui sera publié par la revue suédoise Nordisk Tidskrift. Dans ce texte resserré qui redéploie l'ensemble de sa pensée et qui noue « les enjeux métaphysiques et l'horizon pratique[11] », le philosophe français montre que le possible n'est pas moins que le réel : « Au fur et à mesure que la réalité se crée, imprévisible et neuve, son image se réfléchit derrière elle dans le passé

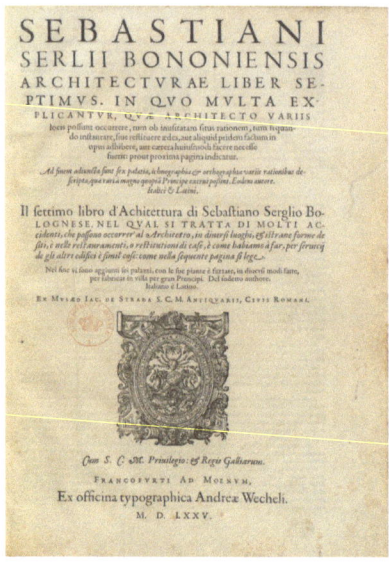

Fig. 5 : Couverture de l'ouvrage de Sebastiano Serlio, *Architecturae liber septimus*, 1575 [1536]. Source : Bibliothèque nationale de France, département Réserve des livres rares, Résac. V. 1944.

indéfini ; elle se trouve ainsi avoir été, de tout temps, possible[12] ».

Pour Bergson la réalité n'ajoute rien à la possibilité, pas plus qu'elle ne la suit. Le possible n'est pas un moment spécifique et précis où des options se présentent. Dans son idée d'un temps ouvert, qui ne suit pas les règles de la consécution, Bergson veut restituer à l'avenir une dimension imprévisible et à l'action de l'homme sa liberté, son autonomie. Car si l'évènement s'explique toujours « après coup, par tels ou tels évènements antécédents, un évènement tout différent se serait tout aussi bien expliqué dans les mêmes circonstances, par des antécédents autrement choisis ou par les mêmes antécédents autrement distribués[13] ». La possibilité est créée par la liberté et il est évident qu'aux yeux de Bergson l'artiste, alors même qu'il crée une œuvre, crée aussi et simultanément du possible. Au final « c'est le réel qui se fait possible et non pas le possible qui devient réel[14] », car il « faut plus pour obtenir le virtuel que pour obtenir le réel[15] ».

Le possible n'étant plus, depuis Leibniz, une propriété ou un mode d'existence, il devient essence des choses, essence originaire d'un monde enfoui, tout comme l'impression est composée d'une myriade de perceptions imperceptibles individuellement et qui exercent sur celle-ci un effet subliminal. Le réel voit son statut hiérarchique renversé et devient un possible parmi d'autres, moins chargé d'informations que le champ du possible.

Cette interprétation de l'œuvre d'art nous amène de façon directe à Claude-Nicolas Ledoux ou plus précisément à l'interprétation qu'en a proposée Emil Kaufmann dans *Origine et développement de l'architecture autonome*. Dans ce texte où le XVIIIe siècle prépare la nouvelle façon d'agencer les formes de la modernité, Ledoux est présenté comme un architecte de l'ouverture vers le possible — ce que contestera par exemple Alberto Perez Gomez. Ce qu'exalte Kaufmann chez Ledoux est l'usage de formes élémentaires et pures, **[fig. 1]** détachées de tout ancrage corporel et anthropomorphique, tel que présenté dans le célèbre projet de la Caisse d'escompte :

« Le système pavillonnaire trouve son aboutissement dans le projet conçu par Ledoux en 1788 pour une Caisse d'escompte dont le ministre Necker lui avait passé commande. Chacun des bâtiments de ce projet pourrait, dans son achèvement massif et sa corporéité en forme de bloc, s'élever en *toute autonomie*, en n'importe quel endroit. Il n'existe entre eux aucune indépendance. C'est là un trait essentiel, fondamental, du nouveau système. À l'opposé, les différents membres d'un organisme baroque perdent leur signification si on les délie de leur rapport au tout[16]. »

Dans ce projet les pavillons conservent leur indépendance et, ce faisant, laissent imaginer d'autres assemblages possibles. Contre l'enchaînement baroque (réduit pour la bonne démonstration à un ordre « hétéronome » imposé de l'extérieur : cohésion, rythme, symétrie, proportions), Kaufmann identifie dans le processus de Ledoux ce vent de liberté qui rompt la composition et exalte la juxtaposition, l'assemblage pittoresque de pièces jouant sur leurs effets de flottement, comme si leur rencontre avait quelque chose de fortuit. De cet environnement éclaté, il en résulte une nouvelle façon de voir : la perception n'est plus centrée ou rivée à un centre déterminé. Le spectateur n'est plus immergé dans une scénographie totalisante qui s'ouvre devant lui. Son œil est mobile, ce qu'il voit est changeant, se fait et se défait sous ses yeux.

Bien que Hubert Damisch ait voulu voir dans ce livre une théorie kantienne de l'architecture, notre brève incursion

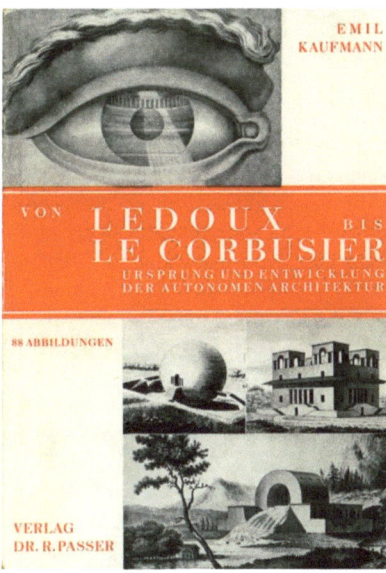

Fig. 6 : Couverture de l'ouvrage d'Emil Kaufmann, *Von Ledoux bis Le Corbusier. Ursprung und Entwicklung der autonomen Architektur*, Vienne, R. Passer, 1933.

essaie de montrer que la pensée ouverte de Leibniz serait probablement plus efficace pour évoquer ce troisième degré d'autonomie de l'architecture moderne, lorsque le regard du spectateur déambulant librement ne tombe sur rien de notable et qu'il est obligé de se projeter vers un ailleurs ou de se déplacer. L'historien de l'art Horst Bredekamp ne s'y est pas trompé lorsqu'il associait la pensée de Leibniz au célèbre *Coup d'œil du théâtre de Besançon*, montrant que cette gravure interroge le statut de l'étrange rayon lumineux qui traverse l'image sans prendre naissance dans la pupille de l'œil : il tombe transversalement sans rencontrer d'obstacle. Dans l'immensité de cette salle de spectacle palladienne vide, le « rayon vivifiant » n'éclaire rien et n'appartient ni à l'œil ni à la salle. Il évoque plutôt un effet de réciprocité, un effet miroir : « l'œil de Ledoux est le chiasme du regard devenu image, où le regard du regardeur croise celui de l'artefact[17] ».

Avant de suivre Kaufmann dans son raisonnement qui le mène de Ledoux à Le Corbusier, il faudrait s'arrêter, en cours de route, à la figure Jean-Nicolas-Louis Durand, célèbre professeur de l'École Polytechnique. Son *Précis* du début du XIXe siècle repose, en partie, sur des principes linéaires de conception qui s'inscrivent dans une « marche à suivre » et qui produisent, au bout de processus, des spécimens architecturaux présentés comme des combinaisons dénuées de caractère spécifique, car la seule entité faisant sens est le système. Par système nous entendons une totalité, qui inclut toutes les permutations possibles, dans une pensée fascinée à cette époque, comme l'a observé Michel Foucault dans *Les mots et les choses,* par le réseau et la grille. En sciences, ce goût pour la totalité on le retrouve chez Linné puis chez Darwin, davantage intéressé à décrire son diagramme de l'évolution — permettant de contenir de façon intelligible tout le possible des espèces — qu'à décrire les espèces elles-mêmes (voir son célèbre dessin à la plume de 1837).

Que le possible puisse devenir diagramme et le diagramme puisse devenir projet c'est ce que montre finalement le système Dom-ino développé en 1914 par Corbusier et l'ingénieur suisse Max Du Bois, pensé comme un assemblage de systèmes (ponctuels et linéaires) assurant une liberté d'évolution à chacun ce qui signifie une liberté d'agencement en cours de conception. Colin Rowe comparait Dom-ino à l'archétype de la cabane primitive de l'abbé Laugier alors que Peter Eisenmann en faisait un système constructif exprimant non pas une forme finie, mais un processus de composition : les éléments constitutifs de cet assemblage essentiel, soit les poteaux les dalles et les escaliers préfabriqués, porteraient la marque d'un certain nombre d'opérations géométriques de glissement et de soustraction. Dans le manifeste des *Cinq points d'une architecture nouvelle* publié en 1927, Le Corbusier décrivait avec précision le principe du plan libre comme un acte de liberté qui se résume au fait que les pilotis ne viennent « gêner aucunement la disposition des cloisons verticales qui sont différentes *à chaque étage.* » Autrement dit, la liberté que l'ossature porteuse introduit dans la composition de la nouvelle architecture tiendrait à la possibilité offerte au projeteur de penser chaque étage de manière indépendante, autonome, comme si chaque niveau pouvait se réaliser de lui-même, en suivant les contraintes locales des fonctions qu'il abrite. À bien y regarder, ce système de liberté d'agencement traverse le travail de Le Corbusier. Si l'on considère, par exemple, les différentes variantes du projet du Palais des Soviets de Moscou de 1928, on discerne un goût prononcé pour le jeu des permutations, la volonté d'explorer tous les assemblages possibles qu'autorisent les unités fonctionnelles du programme.

Cette pérégrination autour de la conquête d'autonomie des stratégies architecturales, en vue de dépasser la tension entre principes universels et situations contingentes, nous ramène à Aldo Rossi. Le fondateur de la *Tendenza* semble en effet être l'un des rares architectes à avoir exploré et théorisé au XXe siècle les ressources poétiques du possible en travaillant sur l'effet de suspension, de déréalisation d'une architecture qui se manifeste comme une occurrence passagère. Dans son *Autobiographie scientifique,* il affirmait :

« Aujourd'hui j'ai l'impression de voir toutes ces choses observées, disposées comme des outils bien rangés, alignées comme dans un herbier, un catalogue ou un dictionnaire. Mais cet inventaire inscrit entre imagination et mémoire n'est pas neutre : il revient sans cesse à quelques objets et participe même à leur déformation ou, d'une certaine manière à leur évolution[18] ».

Comme le montre le projet de la *Città Analoga* qui précéda la *Collage city* de Colin Rowe de 1975[19], il y a chez Rossi un amour du fragment et de la chose faisant un avec le sentiment collectif, comme la cabine de plage, l'horloge, le *ballatoio* de la tradition populaire lombarde, le portique, le triangle, les cheminées ; bref, tous ces archétypes fortement caractérisés qui peuvent être assemblés comme ceci ou comme cela, se chargeant à chaque occurrence (c'est-à-dire à chaque projet) d'une nouvelle signification. La leçon que nous pouvons tirer des dessins de la *Città Analoga* est que la construction des villes historiques se réalise autour de bâtiments activant une mémoire collective, une mémoire involontaire qui est le signe de cette capacité de l'architecture à naitre des choses elles-mêmes, à se faire d'elle-même dans un « désordre limité et honnête[20] » qui relègue le projeteur au simple statut de *Ghostwriter*.

Notes

[1] Rossi, Aldo, *Autobiographie scientifique*, Paris, Parenthèses, 1988 [1981], p. 31.

[2] Alberti, Leon Battista, L'*art d'édifier (IX, 10)*, Paris, Seuil, 2004, pp. 460-462.

[3] Raphaël, & Castiglione, *Baldassar, La Lettre à Léon X (1519)*, Besançon, Les Éditions de l'Imprimeur, 2005.

[4] Alberti, Leon Battista, *De la Peinture (III)*, Paris, Macula, 1992, p. 55. Version latine : «est pulchritudo in pictura res non minus grata quam expetita. Version italienne : nella pittura la vaghezza non meno è grata che richiesta.»

[5] *Discours du songe de Poliphile*, Paris, Payot, 1546, p. 22.

[6] Eco, Umberto (dir.), *Histoire de la beauté* (trad. française par Myriem Bouzaher et François Rosso), Paris, Flammarion, 2004, pp. 220-221.

[7] Serlio, Sebastiano, *Libro VII* (1575), pp. 128-129.

[8] Lalande, André, *Vocabulaire technique et critique de la philosophie* (Vol. 2, 1926), Paris, Quadrige, PUF, pp. 796.

[9] Cité par Vilmer, Jean-Baptiste Jeangène, «Possibilité et existentiabilité chez Leibniz», *Revue philosophique de Louvain*, Vol. 104, no. 1, 2006, pp. 23-45.

[10] *Leibniz, Nouveaux essais sur l'entendement humain*, Paris, Flammarion, 1990, p. 228 (III, 3, par. 15).

[11] Bergson, Henri, *Le possible et le réel* (présentation par Arnaud Bouaniche), Paris, Quadrige, PUF, 2011, p. XV.

[12] *Ibid.*, p. 11.

[13] *Ibid.*, p. 16.

[14] *Ibid.*, p. 17.

[15] *Ibid.*, p. 14.

[16] Kaufmann, Emil, *De Ledoux à Le Corbusier, origine et développement de l'architecture autonome* (1933), Paris, Éditions de la Villette, 2002, p. 38.

[17] Bredekamp, Horst, *Théorie de l'acte d'image*, Paris, La découverte, 2015 [2010], pp. 226-227.

[18] Rossi, Aldo, Op. cit., p. 38.

[19] Chupin, Jean-Pierre, *Analogie et théorie en architecture, de la vie, de la ville et de la conception, même,* Genève, Gollion, Infolio (Collection Projet & Théorie), 2010. Voir le chapitre 2 : «L'architecture de la ville».

[20] Rossi, Aldo, *Op. cit.*, p. 40.

www.ingramcontent.com/pod-product-compliance
Lightning Source LLC
Chambersburg PA
CBHW041601070526
44586CB00003BA/42